MEIN TRAUMDATE

CASEY MORALES

WWW.AUTHORCASEYMORALES.COM

Achtung — Nur für Erwachsene

Achtung — Nur für Erwachsene

Bei der folgenden Geschichte handelt es sich um eine MM-Romanze, bei der schwule Männer und ihre romantischen Verwicklungen im Mittelpunkt der Handlung stehen. In einigen Szenen werden sexuelle Handlungen beschrieben. Einige davon sind explizit und für Personen unter einem bestimmten Alter nicht geeignet.

VORWORT

Du wirst es kaum glauben können, vor allem, wenn
du erfährst, wie leichtgläubig ich mit zweiundzwanzig
war, als diese Serie begonnen hat, aber was du gleich lesen
wirst, ist eine wahre Geschichte. Ja, ich habe zum Schutz
der beteiligten Personen Namen und Orte geändert, und hier
und da etwas ausgeschmückt, aber in den Grundzügen ist die
Geschichte wahr.

Was soll ich sagen? Ich war ein Gomer Pyle der Neuzeit.

Ich war *das* Kind des Predigers. Du weißt schon, derjenige,
der nie gewusst hat, dass er eigentlich heimlich rebellisch
sein und seine wilde Seite ausleben sollte. Ja, das habe ich
nie mitbekommen. Ich war das Predigerkind, das *eigentlich*
rechtschaffen und gut sein wollte – was auch immer das
heutzutage bedeuten mag.

Ich wuchs in einem freundlichen, liebevollen Elternhaus
auf, mit drei älteren Schwestern. Die jüngste von ihnen war
sieben Jahre älter als ich, es war also so, als wäre ich ein
Einzelkind mit fünf Eltern gewesen.

Heute, Jahre später, weiß ich, dass das die idealen Voraus-
setzungen für mein späteres Outing waren, aber damals hatte
ich doch keinen blassen Schimmer. Ich war felsenfest davon

überzeugt, dass ich eines Tages eine wunderschöne Hochzeit in einer riesigen Kirche mit Blumen und Kerzen überall erleben würde.

Ich höre genau, wie du jetzt kicherst. Wie unhöflich.

Wie auch immer, du verstehst schon. Braver Junge. Unschuldig. Völlig ahnungslos. Und *ohne jeden Zweifel* hetero. Habe ich das schon erwähnt? Ich war hetero, verdammt noch mal.

Ich glaubte fest daran, dass ich es durch die High School und das College geschafft hatte, ohne eine einzige schwule Person getroffen zu haben. Ich war überzeugt davon, dass alle Schwulen in Kalifornien oder New York lebten, wie mir das sonntags von der Kanzel aus gepredigt worden war. Ich war mir nie im Klaren darüber, warum gerade diese beiden Staaten zu einem Hort des homosexuellen Hedonismus geworden waren, aber solange ich mich von diesen bösen Orten fernhielt, würde doch alles gut werden. Oder?

Ich wusste doch nicht, dass mein bester Freund von der vierten Klasse bis zur High School eine kreischende Dramaqueen gewesen war – und nicht der unauffällige Basketball spielende Schwule, der die anderen Jungs in der Dusche von der Seite anlugte. Oh nein. Er war das *seidenweiche*, strahlend pinke Signalfeuer, das man sogar vom Weltraum aus sehen konnte.

Aber woher hätte ich das denn bitteschön wissen sollen? Nur weil er der Trommelmajor in der Kapelle gewesen war ...

Du kicherst ja immer noch!

Langsam muss ich mich damit abfinden, dass wir beide wohl kein ernsthaftes, erwachsenes Gespräch führen werden, also kann ich genauso gut mit der Geschichte fortfahren.

Im Gegensatz zu den vorherigen Bänden geht es in *Mein Traumdate* um ernstere Momente, um Zeiten in meinem Leben, in denen ich gelernt habe, dass Wahrheiten genauso oft Dornen enthalten wie Glück. Das Letzte, was ich will, ist, unserem lustigen Abenteuer einen Dämpfer zu verpassen, aber das echte Leben tut das manchmal – und ich versuche wirklich, nur das zu wiederzugeben, das passiert ist. Ich hoffe, du lachst laut, windest dich ein bisschen, bist auch ein wenig aufgeregt und vergießt vielleicht sogar das eine oder andere Tränchen.

Ach, wem mache ich etwas vor? Ich möchte doch einfach nur, dass du lachst und in Verzückung gerätst. Sind wir denn nicht alle deswegen hier?

Viel Glück, lieber Leser. Genieße den Ritt.

Oh, Mist.

Ich habe *Ritt* gesagt.

KAPITEL 1

DREISTE PYTHON

Ich unterbrach meine Erzählung lange genug, um mir einen weiteren Bissen Waffel in den Mund zu schieben. Dwayne und Jason aßen ruhig und aufmerksam, sodass ich ungestört weiterwaffeln konnte.

„Ich hätte nie gedacht, dass ich mich in einen Typen verlieben würde, der beruflich Tiger und Pumas züchtet. Wobei, wenn ich so drüber nachdenke, hätte ich auch nie gedacht, dass ich mich überhaupt je in einen Kerl verlieben würde." Ich tupfte mir mit der Serviette den Mundwinkel ab. „Meine ganze Welt war schon durchgeplant, mit einer schicken Hochzeit in einer vollen Kirche und einer weinenden Mom in der ersten Reihe. Ich schätze, die ganze Schwulensache hat diesen Traum zerstört."

„Warte. Willst du damit sagen, dass deine Mom keine Hochzeit mehr will? Ich habe gedacht, sie bäckt eine Torte mit einem riesigen Dil..."

„Jason, *benimm* dich", rief Dwayne entrüstet, aber mit einem belustigten Gesichtsausdruck. „Lass den Jungen doch ausreden. Siehst du denn nicht, dass er total aufgekratzt ist?" Er deutete mit seiner Gabel an, dass ich fortfahren sollte.

Jason machte ein albernes Gesicht, und die beiden glucksten. Ich räusperte mich, um das Wort wiederzuerlangen.

„Hört ihr beiden eigentlich auch mal zu?" Ich versuchte, genervt zu klingen, aber es kam nur piepsig rüber. Ich war zu vergnügt, um mich aufzuregen. „Zum ersten Mal seit einer Weile bin ich *wirklich* glücklich. Ich meine, ich war auch glücklich mit Carter und den Kindern, aber ich glaube nicht, dass ich wirklich gewusst habe, was ein Date oder eine Beziehung mit ihm tatsächlich bedeutet hat."

Dwayne schnaubte: „Date? Du bist nach einem Abendessen bei ihm eingezogen. Das war geradezu lesbionisch von dir."

„Lesbionisch?" Ich zog die Stirn in Falten und Dwayne grinste: „Ist doch egal. Ich lasse mich heute von euch beiden nicht ablenken. Ich bin viel zu aufgeregt."

„Oh Gott. Ist er schwanger? Werde ich Onkel? Was wärst du dann, ein Groß-Groß ..." Jason bekam von Dwayne einen spielerischen Klaps auf den Arm.

„Nein, niemand ist schwanger. Aber da du es schon mal angesprochen hast, habe ich euch eigentlich schon mal gesagt, wie groß ..."

„JA!", rief Dwayne und wedelte mit seiner Gabel, ohne zu merken, dass eine halbe Wurst daran hing. Jason und ich brachen in Gelächter aus, das noch lauter wurde, als das armselige Würstchen gegen das Fenster flog. Er warf die Gabel zu Boden. „Wir haben es kapiert. Er ist riesig. Praktisch eine Python. Mach weiter."

„Da ist aber heute jemand *empfindlich*", witzelte ich.

„Wenn er sein morgendliches Geritol nicht bekommt, passiert das schon mal", fügte Jason hinzu.

„Ich bin erst vierundvierzig!", brummte Dwayne.

Ich nickte Jason verschwörerisch zu, als hätte er gerade unseren Standpunkt klargemacht, und fuhr dann fort: „Donny und ich sind jetzt seit etwas mehr als vier Monaten zusammen, und es ist der Hammer. Er ist lustig und süß, aber auf eine starke, männliche Art. Ich liebe es, mit den Pumas zu spielen. Die sind sowas von verrückt, schleichen sich immer an und greifen dann an. Es ist unglaublich, wie sie sich abstimmen. Ich habe gar nicht gewusst, dass Katzen so schlau sind."

„Warum spüre ich, dass da gleich ein *Aber* kommt?", fragte Jason.

„Aber ... naja ... ich habe ihn immer noch nicht nackt gesehen, geschweige denn etwas mit seiner ... Python angestellt."

„Warte", meinte Jason. „*Vier* Monate? Woher weißt du dann, dass er riesig ist?"

„Wir knutschen auf der Couch oder im Bett. Glaub mir, es ist leicht, durch seine Unterwäsche zu fühlen. Das Ding ist ..."

„Riesig. Ja, ja. Das wissen wir schon. Zurück zu dem nicht erfolgten Sex, bitte", antwortete Dwayne.

Ich gluckste. Es machte Spaß, Dwayne zu ärgern. Er war der beste Freund, den ich je gehabt hatte. Wenn ich so darüber nachdenke, war er vielleicht sogar einer der besten Menschen, die ich je kennengelernt hatte. Er hat so viel mit mir durchgestanden und nie etwas dafür verlangt – außer einer Schulter zum Ausheulen, wenn eine seiner Liebschaften Mitte Zwanzig zu jemandem weitergezogen ist, der näher an seiner Generation war.

Dwayne gab mir Rückhalt, aber auf eine Art und Weise, die mich dazu brachte, besser werden zu wollen, besser sein zu wollen. Machen das alle besten Freunde? Oder ist das nur bei doppelt so alten besten Freunden der Fall?

Sag ihm ja nicht, dass ich das gesagt habe. Er würde dich dafür ohrfeigen. Und mich.

„Ich weiß ja nicht, was ich davon halten soll. Es besteht kein Zweifel daran, dass er mich mag – und wenn wir rummachen, steht es außer Frage, dass er sich zu mir hingezogen fühlt. Seine freche Python zeigt das deutlich genug. Also warum haben wir keinen Sex? Ist das komisch? Denke ich zu viel nach?"

Jason schnaubte wieder: „Du denkst *immer* zu viel nach – es sei denn, du tust dumme Dinge, weil du nicht genug nachdenkst.“

„Das musst du gerade sagen, Mr. Raketenwissenschaftler“, schnauzte Dwayne und wandte sich dann wieder mir zu. „Hast du ihn denn schon mal gefragt?“

Ich zögerte: „Nun, nicht wirklich. Ich meine ... wir haben vor einer Weile darüber gesprochen, dass er warten möchte ...“

„Aber ihr habt in letzter Zeit nicht über eure Sorgen gesprochen?“, fragte Dwayne.

„Es sind nicht wirklich *Sorgen*“, erwiderte ich ein wenig zu verteidigend. „Ich meine, ich schätze, das sind sie schon. Ich habe kein Problem damit, auf Sex zu warten, aber ich würde gerne wissen, warum. Das scheint sehr unschwul zu sein.“

Dwayne spuckte tatsächlich Kaffee auf den Tisch. Es dauerte ein paar Minuten, bis er aufhörte zu lachen und wieder sprechen konnte: „Du warst der unschwulste Schwule, den ich je getroffen habe, junger Mann. Wer also selbst im Glashaus sitzt, und so.“

„Keine Ahnung“, bemerkte Jason nachdenklich. Seine plötzliche Ernsthaftigkeit erregte meine Aufmerksamkeit. „Vielleicht hat Michael ja Recht. Die meisten Jungs machen sich gleich am Anfang nackt, oder zumindest sehr früh. Sie wollen sehen, ob da die gewisse Verbindung ist oder ob Teil A wirklich in Schlitz B passt. Sich nach vier Monaten immer noch nicht ausgezogen zu haben, ist schon ziemlich seltsam.“

Stille herrschte an unserem Tisch, bis unsere stets wachsame Kellnerin Katie kam.

„Ihr drei seid nie so ruhig. Da schrillen bei mir sämtliche Alarmglocken.“ Sie drehte sich zu mir um und stemmte beide Fäuste in ihre breiten Hüften. „Was hast du schon wieder getan?“

„Ich? Warum ich?“

Dwayne und Jason lachten und wichen Katies umherschweifenden Blicken aus.

„Weil sich das Schweigen an diesem Tisch immer um etwas dreht, das du getan hast oder um jemanden, den du gerade datest."

„Wir unterhalten uns doch nur über einen Typen."

Du rutschte sie in die Sitzecke neben mir. „Raus mit der Sprache. Tante Katie ist jetzt hier. Vergiss, was für einen Blödsinn die beiden dir erzählt haben."

„Hey!" Dwayne tat so, als wäre er beleidigt. Sie hob eine Augenbraue und er setzte sich wieder auf seinen Platz, weil er sich nicht mit einer überlegenen Gegnerin anlegen wollte.

Katie hörte mir aufmerksam zu, als ich unser Gespräch wiederholte, ohne den Teil über die freche Python.

„Schatz, du musst mit ihm reden. Frag ihn einfach, warum ihm das Warten wichtig ist. Wenn ihm wirklich etwas an dir liegt, wird er den offenen Dialog zu schätzen wissen."

„Das habe ich ihm auch schon gesagt", brummte Dwayne hinter seiner Kaffeetasse.

„Mund zu." Katie strich sich mit den Fingern über die Lippen und machte eine Geste, als würde sie einen Reißverschluss zumachen. „Michael, wenn ihr nicht offen über alles reden könnt, ist er nicht gut genug für dich. Glaub mir. Ich hatte schon mit vielen verschlossenen Männern zu tun. Die sind es einfach nicht wert."

In ihren Augen lag so viel Aufrichtigkeit. Ich glaubte, darin auch ein wenig Schmerz zu erkennen. Obwohl wir schon so lange und oft ins Diner gekommen waren und Katie Teil unserer Gespräche gewesen war, wurde mir klar, dass wir *ihre* Geschichte gar nicht kannten. Das würde ich ändern müssen. Später, nachdem ich mich mit Mr. Sexmuffel auseinandergesetzt hatte.

„Danke, Katie. Du bist die Beste", umarmte ich sie.

„Oh, ich weiß. Dwayne sollte eine Beratungsgebühr auf das heutige Trinkgeld aufschlagen." Sie zwinkerte mir zu, schnappte sich unsere leeren Teller und eilte davon.

KAPITEL 2

DIE GROSSE SCHWULE SEIFENBLASE

Donny war zu einer Tierpflegerkonferenz in San Diego aufgebrochen und würde erst am Wochenende zurückkehren, also war unser nächstes Date für Sonntagabend geplant. So hatte ich genug Zeit, um mir über das Gespräch, das ich führen wollte, wie ein Verrückter den Kopf zu zerbrechen – ich meine, mir ein paar *Gedanken zu machen*.

Ironischerweise flog ich in derselben Woche endlich aus dem sprichwörtlichen Nest. Nachdem ich seit meinem Collegeabschluss mit meinem Dad zusammengearbeitet hatte, verließ ich das Familienunternehmen und begann einen neuen Job in der Wirklichkeit. Es war aufregend und beängstigend und all das, was Leute normalerweise empfinden, wenn sie ihren ersten großen Job beginnen, nur, dass ich das mit siebenundzwanzig Jahren erlebte.

Nennen wir die Zeit mit meinem Dad einfach meinen Masterabschluss in der Führung eines kleinen Unternehmens und machen wir weiter, ja?

Am Montagmorgen zog ich meine saubersten, am wenigsten zerknitterten Khakis und ein hellblaues Poloshirt an, holte mir einen Becher Kaffee aus der Küche und fuhr zu meinem neuen Büro. Das Unternehmen war relativ jung – und klein. Es gab nur ein paar leitende Mitarbeiter und ein Dutzend Arbeitsbienen wie mich. Es fühlte sich an wie ein Familienbetrieb.

Offenbar hatten die Götter der Arbeit einen Sinn für Humor.

Wir verkauften IT-Ausrüstung und Computerdienstleistungen an Unternehmen. Es gab Teams aus Verkäufern, Computeringenieuren und Softwareprogrammierern sowie ein paar Wichtigtuer, die meistens draußen Kaffee tranken und Zigarren rauchten.

Die Verkäufer (und eine Verkäuferin) waren genauso, wie man das erwarten würde: Alphatiere, die sich auf der Jagd austobten. Die Gruppe hatte so viel Testosteron in sich, dass ihre Ecke in unserem Büro praktisch vor Energie vibrierte – auch die Frau unter ihnen.

Getrennt durch eine dünne Barriere aus einem knarzigen Raumteiler – nein, ich weiß nicht, wie man sowas nennt – waren die Ingenieure. Stell dir vor, *Star Trek* und *Star Wars* hätten zusammen ein Baby bekommen. Das ist ein IT-Ingenieur. Das Level an Nerdigkeit auf ihrer Seite der Mauer übertraf das Testosteron auf unserer Seite bei weitem. Sie waren nett und superschlau, aber ich rechnete fast damit, dass sie jeden Moment mit einer Partie *Dungeons and Dragons* loslegen würden.

Dann waren da noch die Programmierer. Wir hatten nur fünf von ihnen, und sie blieben in einem separaten Raum für sich. Ich denke, es war sinnvoll, sie abzusondern. Sie mussten sich konzentrieren, sonst hätte aus einer *01* eine *10* werden können und das Programm wäre hinüber gewesen.

Aber was wusste ich schon? Ich war Verkäufer. Unsere Aufgabe war es, Unternehmen zu finden, die Computer oder Computerunterstützung oder ein Computerupgrade oder irgendetwas, das mit Computern zu tun hatte, brauchten. Wir wurden dazu gedrillt, uns dumm zu stellen und das Blaue vom Himmel zu versprechen, egal, was die Ingenieure und Programmierer für möglich hielten – und die machten wir damit ganz schön verrückt.

In Wahrheit gingen wir bis an die Grenzen, aber zu ihrem Leidwesen fanden die Ingenieure meist einen Weg, unsere Versprechen für die Kunden Wirklichkeit werden zu lassen. Sie benutzten vielleicht Klebeband und Büroklammern, aber sie machten das Unmögliche möglich.

Nach ein paar Stunden an meinem ersten Tag bat mich der Inhaber, zu ihm ins Büro zu kommen. Gary war ein spindeldürrer Mann mit einer dicken Brille, die seine Augen völlig irre erscheinen ließ. Seine riesigen Vorderzähne erlaubten es ihm nur selten, die Lippen zu schließen, sodass meist zwei *Bugs Bunny*-Zähne zu sehen waren, die fröhlich auf seiner Unterlippe ruhten. Es sah aus, als hätte er versucht, sich einen Bart wachsen zu lassen, aber wie bei vielen Nerds des Programmierclans war das genetisch nicht möglich. Die struppigen, braunen und grauen Haare sahen eher wie ein Sumpf auf einer Landkarte aus als ein Bart. Er war ein netter Kerl, aber Mann, er war ein Kandidat für eine dieser Umstyling-Shows. Zu seinem Pech waren die ursprünglichen Fab Five noch ein paar Jahre davon entfernt, die ahnungslosesten Heteros Amerikas wieder auf Vordermann zu bringen.

Als wir sein Büro betraten, winkte mich mein Chef Rick, der an Garys Schreibtisch stand, herein. Der Kontrast zwischen den beiden Firmenchefs hätte nicht größer sein können. Rick war eins zweiundneunzig groß, brachte gut zweihundertachtzig Pfund auf die Waage und war früher am College ein großartiger Footballspieler gewesen. Jetzt war sein Bauch zwar größer als seine breiten Schultern, aber die Figur des Footballspielers war immer noch sichtbar. Rick hingegen war ein naturverbundener Kerl mit Pickup und Cowboystiefeln – und er roch förmlich nach „Verkäufer".

Mit zwei riesigen Schritten durchquerte er den Raum und ergriff meine Hand mit einer schraubstockähnlichen Pranke, während seine andere Hand meinen Arm drückte. „Schön, dich wiederzusehen, Michael. Wir sind wirklich froh, dass du in unserem Team bist."

Gary schlurfte um seinen Schreibtisch herum und setzte sich, rückte seine fette Brille zurecht, richtete die vier Stifte auf seinem Schreibtisch, die mir gar nicht aufgefallen waren, und blinzelte dann zu mir auf. „Richtig", sprach er. „Wir wollen dir ein Willkommensgeschenk machen. Rick?"

Rick griff hinter den Schreibtisch und zog eine strahlend weiße Jacke hervor, auf der in daumengroßer Schrift Crysta-logic auf die linke Brustseite gedruckt war. Jeder Buchstabe des Firmennamens war in einer anderen Farbe ausgeführt, sodass das Logo wie ein Regenbogen aussah.

Bei dieser *offensichtlichen* schwulen Anspielung blieb mir der Mund offenstehen.

„Gefällt sie dir?", fragte Rick, als er mir das Kleidungsstück überreichte.

„Ja, sie ist wunderschön. Danke, Jungs."

„Gary hat der Firma den Namen gegeben, aber das Logo habe ich mir selbst ausgedacht", erklärte Rick. „Ich habe mal bei McDonald's am Auto vor mir einen Aufkleber mit der Aufschrift 'Family Values' in Regenbogenfarben gesehen und habe mir gedacht, das wäre doch eine schöne Botschaft für das, wofür wir stehen."

Ich blickte zu Gary. Sein unbeteiligter Gesichtsausdruck blieb unverändert. „Wir sind ein Familienunternehmen. Wir handeln im Interesse unserer Kunden und nicht in unserem Eigeninteresse. Wir behandeln uns gegenseitig gut. Und so weiter."

Baby Jesus, sie wussten nicht, was der Aufkleber *wirklich* bedeutete – und sie hatten das Image des Unternehmens um etwas herum aufgebaut, von dem sie dachten, dass es mehr mit der Kirche zu tun hatte als mit Familien mit zwei Daddys oder Mommys.

Wie ein guter, kleiner Angestellter zog ich meine Jacke an und schluckte schwer, um nicht zu lachen. Als ich aufblickte, lächelten beide Männer.

Wer war ich schon, dass ich ihre große, schwule Seifenblase zerplatzen ließ?

KAPITEL 3

EIN UNERWARTETER GAST ZUM ABENDESSEN

Am Freitagabend stand ein Basketballspiel an der High School auf dem Programm und am Samstag leitete ich acht aufeinanderfolgende AAU-Spiele. Als ich am Samstagabend nach Hause kam, zitterten meine Beine. Der Gedanke, Donny in der Bar zu besuchen, schoss mir durch den Kopf, aber mein Körper wehrte sich dagegen. Ich aß Cheerios zum Abendessen, sah mir eine Wiederholung einer Komödie aus den 80-ern an und schlief dann ein.

Am Sonntagabend klopfte ich höflich an Donnys Tür und ließ mich dann selbst herein. Der köstliche Geruch von gebratenem Speck ließ meinen Magen Purzelbäume schlagen.

„Ich bin in der Küche. Geh und sag den Kindern hallo, während ich das Essen fertigmache."

Die *Kinder*, auf die sich Donny bezog, waren drei Pumakinder, die er mit der Hand aufzog, bevor ihr Leben im Zoo von Nashville begann. Als ich die kleinen Biester zum ersten Mal getroffen hatte, waren sie kaum größer gewesen als ein Neugeborenes. Jetzt hätten sie einen mittelgroßen Hund in den Schatten gestellt. Es hatte Spaß gemacht, ihnen beim

Wachsen zuzusehen, aber es war auch traurig. Sie waren der Enge einer Kiste eindeutig entwachsen und brauchten Platz, um herumzustreifen, zu jagen – und das zu tun, was verspielte Pumas den ganzen Tag über eben so treiben.

Aber für einen weiteren Monat oder so waren sie noch unsere Kinder.

Sobald ich die Schlafzimmertür öffnete, begann das spielerische Fauchen und Knurren. Theo scharrte ungeduldig mit den Pfoten am Metall des Käfigs.

Ja, sein Name war Theo. Die anderen Tierchen hießen Alvin und Simon. Es hatte sich herausgestellt, dass die Tierpfleger einen seltsamen Sinn für Humor hatten, der sich direkt auf die Namensgebung ihrer Tierkinder übertrug. Wer hätte das gedacht?

Theo war der Meuchelmörder, der unglaublich intelligente, hinterhältige kleine Kerl, der es liebte, sich von hinten an mich heranzuschleichen und mir in den Rücken zu fallen. Alvin war der andere Schleicher, nur dass seine Angriffe meist von der Seite kamen. Simon benahm sich ganz süß und unschuldig, senkte seinen Kopf, um sich kraulen zu lassen, schnurrte laut und rollte sich dann auf meinem Schoß zusammen – alles zur Ablenkung für seine Brüder. Sobald Theo sich auf mich stürzte, fuhr Mr. Süß und Kuschelig seine Krallen aus und griff mich ebenfalls an. Diese Katzen planten und koordinierten ihre Angriffe so gut wie jedes Navy SEAL-Team.

Und ich liebte jede Minute davon.

Abgesehen von ihren Zähnen. Du weißt schon, diese Zähne, scharf wie Nadeln, die jedes Kätzchen hat und die die Haut durchstoßen, egal wie leicht oder fest sie zubeißen? Donny hatte Gummispitzen auf ihre Krallen geklebt, um uns vor ihren Dolchen zu schützen, aber nichts konnte diese Zähne aufhalten. Als mein Retter kam, um die Essenszeit anzukündigen, bluteten meine Hände und Arme aus mehreren kleinen Stichwunden – aber das war es wert gewesen. Diese Katzen brachten mich mehr zum Lachen als ein ganzes Gebäude voller Crystalogic-Ingenieure.

„Soll ich dein Essen in einen Katzennapf tun und euch alle zusammen füttern?", fragte Donny von der Tür aus.

Simon stürzte auf ihn zu und wäre beinahe ins Haus geflüchtet, aber Donny hielt ihn mit einem gekonnten Jackie-Chan-Beinfeger auf, der das Fellknäuel in seinen Bahnen hielt. Ich stand auf und fing an, sie wieder in ihre Kiste zu packen, was leichter gesagt als getan war, wenn sie zu dritt waren und ich bloß allein – sie zappelten, quiekten und bissen die ganze Zeit.

„Du bist wirklich ziemlich gut darin geworden", gluckste Donny. „Komm schon. Ich habe ein Hähnchengericht nach einem Rezept gemacht, das ich im Internet gefunden habe."

Ich hüpfte auf meine Füße und gab ihm einen Kuss auf die Wange.

Er lachte und zog mich an meinem Shirt in die Küche.

Wie bei jeder Mahlzeit, die ich bei Chefkoch Donny genossen hatte, war auch das Hühnchen fabelhaft. Ich wusste nicht, wie er das hingekriegt hatte, aber es schmeckte genauso, wie ich es aus dem Schnellimbiss in Erinnerung hatte, nur ohne das gebutterte Brot und die fritierten Zwiebelblüten. Man darf seinem Freund, dem Hobbykoch, schließlich auch nicht zu viel zumuten.

Donny erzählte mir von einem neuen Tierpfleger, den der Zoo eingestellt hatte, ein Vogeltyp. Ich kannte schon den gruseligen Schlangenpfleger, die Elefantenfamilie und datete den Katzentyp, aber einen Vogelpfleger hatte ich noch nicht kennengelernt. Jeder Tierexperte, den ich getroffen hatte, war den Tieren, die er hielt, verblüffend ähnlich. Donnys Persönlichkeit und sein Verhalten erinnerten mich an die bengalischen Tiger und Löwen. Sogar die Pumas und ihre verspielte Schalkhaftigkeit erinnerten mich an ihn.

Die Elefantenfamilie bestand aus übergroßen Menschen, deren ruhiges Wesen allein durch ihre Anwesenheit Respekt einflößte. Und der Schlangentyp hätte genauso gut in eines der Glasgehege klettern und auf einem Felsen faulenzen können. Er war ganz genauso wie eine dieser gruseligen, kriechenden Schlangen.

Er beschrieb Janice, die neue Vogeldame, als eine Mischung aus einem der Elefantenpfleger und Beeker aus der *Muppet Show*. Wir lachten, als er ihren langen, steifen Hals und ihr hochgezogenes Kinn nachahmte, das sich scharf von einer Seite zur anderen drehte. Sie hatte sogar eine piepsige, hochtönende Stimme.

Die Leute im Zoo brachten mich immer wieder zum Lachen.

Dann erzählte ich ihm von meiner ersten Woche bei Crystalogic. Wir lachten über das Logo und meine neue Jacke, und ich erzählte ihm einige der besten Geschichten, was unsere Ingenieure unter Kundenservice verstanden.

Es war ein lockeres, lustiges Abendessen, wie immer.

Bis ich ihn bat: „Hey, können wir uns mal über etwas unterhalten?"

„Klar", antwortete er zögerlich.

Ich schaute auf meinen fast sauber geleckten Teller. „Also … Ich wollte dich schon lange etwas fragen, aber ich war nicht sicher, wie. Ich bin auch nicht sauer oder so."

Dann zögerte ich.

Er lehnte sich vor. „Du bist doch sonst nicht so schüchtern. Einfach raus mit der Sprache. Du weißt doch, dass du mich alles fragen kannst."

Ich lächelte schwach: „Ich weiß. Donny, ich mag dich wirklich …"

Er lehnte sich zurück. „Oh-oh."

„Nein, nein. So ist es nicht. Bitte." Ich holte tief Luft und bedeckte mein Gesicht mit einer Handfläche. „Es tut mir leid. Ich mache eine größere Sache daraus, als es sein sollte. Es ist nur … wir sind jetzt seit fast vier Monaten zusammen und … na ja … wir haben noch nichts *gemacht*."

Ich konnte seinen Gesichtsausdruck nicht lesen. Er lächelte kurz über mein Gestammel, dann legte sich ein Schatten um seine Augen, als ihm die Frage klar wurde. Ich hatte keine Ahnung, ob er belustigt oder sauer war. Donny war ein toller Typ. Das Letzte, was ich wollte, war, das Ganze wegen etwas so Dummem wie Sex zu vermasseln, aber ich konnte meine Frage nicht länger zurückhalten.

Ich umklammerte meine Serviette, als meine Handflächen zu schwitzen begannen.

Er seufzte: „Ich denke, es ist an der Zeit, dass wir *dieses* Gespräch führen."

Dieses Gespräch? Ich hatte keine Ahnung, was er meinte.

Er erhob sich von seinem Platz, hockte sich neben mich und drehte meinen Stuhl so, dass wir uns gegenübersaßen. Dann packte er meine Arme mit beiden Händen und schaute auf. Dieser starke Veteran, der mehr überlebt hatte, als ich mir vorstellen konnte, sah plötzlich aus wie ein verängstigter, kleiner Junge.

„Michael, ich wollte mit all dem warten, weil ich dich zuerst kennen lernen wollte, damit auch du mich kennen-lernst."

Ich nickte, als hätte ich es verstanden. Das tat ich aber keineswegs.

„Und es war großartig – besser als großartig. Ich habe mich wirklich in dich verliebt."

„Ich fühle ..."

„Lass mich das bitte einfach mal sagen." Er drückte san-ft meine Arme. „Ich date nicht mehr oft. Ich meine, bevor ich dich kennengelernt habe, habe ich nicht so oft gedatet. Obwohl mich oft Jungs gefragt haben. Sie haben mir in der Bar ihre Nummern gegeben, aber ich konnte mich nicht dazu durchringen, es nochmal zu versuchen."

„Donny, ich kapiere wirklich überhaupt nichts. Wovon redest du?"

„Michael, ich bin HIV-positiv."

Das Flehen in seinen Augen, als er diese Worte sagte, durchbohrte mein Herz, aber ich wusste nicht, wie ich reagieren, was ich sagen, was ich denken sollte. Dwayne und ich hatten vor Jahren ein wenig über HIV und seine Arbeit bei der Blutbank gesprochen, aber ich kannte niemanden, der positiv war.

Oder doch?

Und jetzt saß er da und wartete auf eine Antwort von mir.

Mir fehlten die Worte.

Sein Blick fiel auf meine zitternden Finger. „Es tut mir leid, dass ich dir das nicht schon längst gesagt habe. Es ist nur … ich mag dich wirklich und ich wollte nicht, dass du wegläufst, bevor du mich kennengelernt hast.“

„Weglaufen?“

Er nickte langsam. „Ja. Ich habe es den Jungs immer sofort gesagt, praktisch im selben Satz mit meinem Namen. Ich dachte, sie hätten verdient, es zu wissen und selbst zu entscheiden, ob sie mit jemandem wie mir ausgehen wollten. Bei vielen von ihnen war es das letzte Mal, dass wir miteinander gesprochen hatten. Sie sind so schnell abgehauen, wie sie konnten. Und einige von ihnen können mir auch heute kaum noch in die Augen schauen, wenn sie in die Bar kommen.“

In seiner Stimme lag ein gewisser Schmerz. Am liebsten hätte ich die Hand ausgestreckt, ihn festgehalten, ihn getröstet. Ich wollte ihm sagen, dass alles gut werden würde und dass ich niemals weglaufen würde.

Aber ich konnte mich nicht bewegen.

Er schaute mir in die Augen. Seine Lidränder waren feucht. Er wartete darauf, dass ich etwas tat, etwas sagte.

Aber das tat ich nicht.

Er holte tief Luft, drückte ein letztes Mal meine Arme und stand dann auf. „Ich weiß, es ist viel, und ich hoffe wirklich, dass du mich sehen kannst, nicht meine Krankheit, aber ich kann gut verstehen, wenn du dich bei einem Date nicht mehr wohl fühlst.“

Mir blieb die Luft weg.

Er wollte sich abwenden, aber ich war so geistesgegenwärtig, aufzustehen, ihn fest zu umarmen und meinen Kopf unter sein Kinn zu schmiegen. Ich spürte, wie seine Brust zitterte und die Tränen zu fließen begannen. Dieser arme Mann. Dieser wunderschöne, bemerkenswerte, arme Mann.

Er führte mich zur Tür und gab mir einen Gutenachtkuss, dann sah er zu, wie ich in mein Auto stieg und wegfuhr. Er drückte eine Hand gegen die Fliegengittertür und winkte mir zu, bis ich weg war.

KAPITEL 4

DER QUILT

Als ich nach Hause kam, loggte ich mich bei AOL ein und suchte bei Google nach Informationen über HIV. Ein Sammelsurium von Seiten beschrieb Symptome und Behandlungen – und wo es noch keine gab. Bilder von Patienten mit eingefallenen Wangen und aufgeblähten Bäuchen zeugten von den Reaktionen auf die Medikamente im Frühstadium der Krankheit. Auf anderen Seiten ging es um Selbsthilfegruppen und die Hoffnung auf einen Impfstoff, doch niemand glaubte an eine baldige Heilung. Auf mehreren Seiten ging es darum, wie sich HIV verbreitete und wie wichtig Safer Sex war, wobei vieles von dem wiedergegeben wurde, was Dwayne mir schon vor Jahren eingebläut hatte.

Und dann öffnete ich eine Seite über die Lebenserwartung. Es gab Seiten, auf denen die Tausenden – nein, die Hunderttausenden – Männer geehrt wurden, die dieser schrecklichen Seuche zum Opfer gefallen waren. Allein 1993 waren in den Vereinigten Staaten mehr als dreihunderttausend gestorben. Die weltweite Zahl war für mich unvorstellbar.

Ich klickte auf einen Link mit dem Titel *Quilt Projekt*.

Der Quilt, also die Patchworkdecke, erstreckte sich über die unvorstellbare Länge der Mall in Washington, D.C., und jedes Quadrat war liebevoll zum Gedenken an jemanden genäht worden, der durch die Krankheit gestorben war. Es gab Herzen und Smileys, Bilder von Männern und Frauen in Anzügen und Kleidern, andere in Sportuniformen, wieder andere spielten Instrumente oder sangen – Hunderte von Farben und Formen; Tausende von Kerzen, die viel zu früh erloschen waren. Es gab Bilder von Scharen von Männern und Frauen, die den Quilt besuchten und sich in ihrer Trauer gegenseitig in den Arm nahmen, während sie Freunde, Familie und Geliebte feierten und um sie weinten.

Die Tränen kullerten mir über die Wangen, bevor ich auf die Idee kam, die Seite wegzuklicken. Ich wollte wegschauen, etwas Anderes sehen als dieses ewige Stück Stoff, aber ich *musste* es einfach ansehen.

Ich musste *sie* ansehen. Sie hatten es verdient, gesehen zu werden.

Ich bin in den 80-er Jahren aufgewachsen, als AIDS zum ersten Mal in den Nachrichten aufgetaucht war, aber mein Leben war so behütet und weit weg von allem gewesen, was mit der schwulen Community zu tun hatte, dass ich das Ausmaß der Tragödie nie begriffen hatte. Dwayne hatte mir erzählt, dass er mehrere Freunde verloren hatte. Damals hatte ich nicht verstanden, wie das möglich war, wie eine Person so viele Leute kennen konnte, die an derselben seltsamen Krankheit litten. Es schien ein so seltsamer Zufall zu sein. Es hatte keinen Sinn ergeben.

Der Quilt *ließ* mich plötzlich alles viel deutlicher erkennen.

Er ließ mich die Abscheulichkeit einer Krankheit begreifen, die so viele Menschen in der Blüte ihres Lebens dahinraffte.

Er ließ mich nachvollziehen, warum Donnys Augen so viel Angst und Schmerz ausgestrahlt hatten.

Aber er half mir *nicht* dabei, zu verstehen, wie ich mich fühlen sollte oder was ich tun sollte.

Ich war noch verwirrter als vor dem Einloggen und mit Sicherheit noch verwirrter als beim Abendessen. Es waren die 90-er Jahre, aber es war immer noch so vieles über AIDS ungeklärt. Ich wusste, dass ungeschützter Sex die Hauptansteckungsquelle war, aber was war mit anderen Aktivitäten? Donny und ich hatten uns bloß geküsst – und das taten wir sehr oft. Könnte ich mich bereits angesteckt haben? Musste ich zu einem Arzt? Konnte ein negativer Kerl überhaupt einen positiven Kerl daten?

Der Schmerz beim Anblick des Quilts verstärkte meine Ängste und Zweifel noch mehr. Mein Atem wurde flacher, als die Aufregung einsetzte.

Das *konnte* doch nicht passieren. Ich *konnte* kein Quadrat auf dieser Steppdecke werden. Mein Leben sollte mehr sein als nur ein Stück Stoff. Ich hatte zwar keine Ahnung, was sich daraus entwickeln würde, aber es *sollte* doch mehr daraus werden.

Ohne nachzudenken, loggte ich mich aus, sprintete ins Wohnzimmer und griff zum Telefon. Nach zweimaligem Klingeln meldete sich Dwaynes verschlafene Stimme. Es war schon halb zwölf.

„Dwayne", stieß ich zwischen Schluchzern hervor. „Ich muss mit dir reden, bitte."

Er fragte nicht einmal, warum. „Schon unterwegs."

Jeder braucht einen Dwayne.

• • • ● • ● • • • •

„Was ist passiert?", fragte Dwayne in dem Moment, als ich die Tür öffnete. Endlich konnte ich wieder atmen, aber meine Augen waren verschwollen und rot umrandet. Wahrscheinlich sah ich schrecklich aus.

Ich antwortete nicht, sondern zog ihn einfach herein, schloss die Tür und schlang meine Arme um seine schlanke Gestalt. Er wehrte sich nicht gegen die Umarmung, aber es dauerte einen Augenblick, bis er sie erwiderte. Ich glaube, er war von der Heftigkeit meines Bedürfnisses erschrocken. Ich war wirklich ein Wrack.

Nach einem langen Moment, in dem wir in der Tür gestanden hatten, gingen wir schließlich ins Wohnzimmer. Ich hatte die halbe Stunde, die er gebraucht hatte, um zu mir zu kommen, damit verbracht, Seiten von allen Websites auszudrucken, die ich besucht hatte. Sie lagen wie ein riesiger japanischer Fächer auf dem Boden vor der Couch.

Dwayne überflog die Papiere, dann weiteten sich seine Augen und schossen zu mir hoch. „Michael, du bist doch nicht …"

„Oh nein. Nicht ich."

Sein Mund verzog sich vor Spannung. „Donny?"

Ich nickte. Das Schluchzen, von dem ich gedacht hatte, dass es still in der Ecke sitzen würde, kehrte zurück und Dwayne nahm mich wieder in den Arm.

Seine Anwesenheit beruhigte mich dieses Mal schneller. Als ich mich zurückzog, musterte er mich mit mitfühlenden, väterlichen Augen. „Lass uns hinsetzen und reden."

Ich erzählte ihm vom Abendessen und wie der Abend mit Donny geendet hatte, dann von meiner Onlinerecherche. Ich zeigte ihm die Bilder der schrecklichen Nebenwirkungen und löcherte ihn mit einer Million Fragen. *Hat Donny Schmerzen? Wird sein Bauch auch so werden? Was ist mit seinen Wangen? Wird er diese Wunden bekommen? Wie lange hat er noch?*

Als ich die letzte Frage stellte, schloss Dwayne die Augen.

„Michael, hör mir zu. HIV ist nicht mehr das Todesurteil, das es einmal war. Ich bin zum Glück nie daran erkrankt." Dann sah er weg und flüsterte: „Zu viele meiner Freunde hatten nicht so viel Glück."

Jetzt war ich an der Reihe, mich zurückzulehnen und zuzusehen, wie er ein Jahrzehnt des Verlustes noch einmal durchlebte.

Ich streckte meine Hand aus und hob die Seiten mit den Bildern des Quilts auf. „Ich hatte keine Ahnung, dass *so viele* …"

„Ja, *so* viele." Seine Stimme klang entrückt.

Dann ließ er die Schultern sinken und seine Augen verengten sich, als er gegen eine weitere Welle ankämpfte. Er holte tief Luft und besann sich wieder auf die Gegenwart.

„Es ist *nicht* mehr so wie damals. Wir haben tolle Medikamente, die die Krankheit in Schach halten, und die Leute leben normal weiter. Donny wird damit klarkommen, und ich möchte, dass du aufhörst, dir Websites und Broschüren anzusehen, in denen von irgendwelchen Nebenwirkungen die Rede ist. Die meisten von ihnen sind entweder selten oder stammen aus einer Zeit vor den modernen Medikamenten. Die machen dir nichts weiter als Angst."

Ich nickte schwach und war erleichtert, dass ich diese schrecklichen Seiten wegwerfen konnte.

„Aber …" Ich kämpfte mit meiner nächsten Frage. „Was bedeutet das für Donny … und mich? Ich meine, für *uns*? Er hat gesagt, dass er deshalb mit dem Sex warten wollte, damit ich ihn als Person kennenlerne, bevor ich von seiner Krankheit erfahre. Er dachte, ich könnte ihm davonlaufen."

Dwayne nickte wissend: „Das habe ich schon oft gehört. Er wollte nicht, dass du nur immer seine Krankheit in ihm siehst – aber HIV ist etwas, mit dem er klarkommen muss, wie jede andere chronische Krankheit auch."

Dann legte er den Kopf schief. „Wenn du gewusst hättest, dass er positiv ist, als ihr euch kennengelernt habt, wärst du dann mit ihm ausgegangen?"

„Natürlich. Ich meine … vielleicht. Ich … ich weiß es nicht."

Er stieß einen tiefen Seufzer aus. „Genau – und du solltest dich nicht schlecht fühlen, wenn du Zweifel oder Fragen hast. HIV ist eine beängstigende Sache, seit das alles angefangen hat."

„Ja wahrscheinlich." Ich dachte einen Moment nach. „Aber das beantwortet immer noch nicht die Frage nach Donny und mir. Ich meine, können wir weiterhin daten? Können wir Sex haben? Was ist mit Küssen oder, ich weiß nicht, irgendwas anderem?"

Seine Augen waren so traurig. Er brauchte einen langen Moment, um zu antworten.

„Es gibt keine absoluten Regeln. Stell dir das Infektionsrisiko wie eine Skala vor. Am einen Ende der Skala ist es am riskantesten, wenn du Blut mit Blut mischst. Am anderen Ende haltet ihr euch auf gegenüberliegenden Seiten der Stadt auf und seid nie im selben Raum."

Die Abwegigkeit seiner Beispiele brachte mich zum Glucksen und hellte die Stimmung auf. „Nun, ich glaube, keine dieser beiden Extreme trifft auf uns zu."

Seine Lippen verzogen sich zu einem schmalen Lächeln. „Nein, wahrscheinlich nicht, aber alles, was dazwischenliegt, macht es entweder wahrscheinlicher oder unwahrscheinlicher, dass du dich ansteckst – oder dich zumindest einer Gefährdung aussetzt."

In den nächsten Minuten sprachen wir die ganze Litanei von Aktivitäten auf Dwaynes Risikoskala durch: küssen, lecken, andere Dinge lecken, andere Dinge küssen, andere Dinge an andere Stellen stecken und so weiter.

Am Ende wusste ich viel mehr über HIV, aber ich war immer noch ratlos, was das Daten mit Donny anging. Mein Herz wollte in mein Auto springen, ein paar Geschwindigkeitsregeln brechen und ihn so fest umarmen, wie nur möglich. Ich wollte ihm sagen, dass alles gut werden würde, dass wir es schaffen konnten, dass wir *alles* schaffen konnten. Wollte ihm versichern, dass ich niemals vor einer dummen Krankheit weglaufen würde – und ganz sicher nicht vor ihm.

Ich wollte all diese Dinge – zumindest wollte mein Herz das.

Doch in meinem Kopf, der sich noch nie in mein Herz – oder Klein-Michael – eingemischt hatte, läuteten die Alarmglocken so laut, dass es wehtat. Ich konnte sie nicht länger ausblenden. Das Risiko war einfach zu groß.

Risiko.

Donny war ein Risiko.

Dwayne sah mir schweigend zu, wie ich mit meinen Gedanken kämpfte. Er war gut darin, mir Zeit zum Nachdenken zu geben. Ich wünschte, er hätte mir einfach Antworten gegeben, mir gesagt, ich solle durchhalten oder weglaufen, das eine oder das andere, aber ich wusste, dass er das nicht tun würde. Er war ein zu guter Freund. Ich musste mit allem allein fertig werden, in meiner eigenen Zeit, sonst würden die Schlussfolgerungen, die ich zog, nicht halten. Ich hätte nur nach *seinen* Ideen und *seinen* Entscheidungen gehandelt, nicht nach meinen eigenen.

Gott, ich hasste es, erwachsen zu sein.

„Bin ich ein Arschloch?“

Dwayne sah auf und runzelte die Stirn. „Im Allgemeinen? Oder wegen etwas Bestimmtem?“

Dummer Freund, jetzt musste ich wieder lachen.

„Weil ich mit mir ringe, ob ich mich weiter mit Donny treffen soll. Ich meine … es ist ja bloß eine Krankheit. Es ist ja nicht so, als wäre er ein Serienmörder oder so. Ich würde auch nicht vor jemandem weglaufen, der gegen Krebs kämpft. Es fühlt sich irgendwie falsch an, all diese Fragen zu stellen. Macht mich das zu einem Arschloch?“

„Du bist kein Arschloch – zumindest nicht deswegen“, grinste er. „Es macht dich menschlich. Du hast es doch selbst gesagt. Vor ein paar Jahren hast du nicht einmal gewusst, dass es Schwule um dich herum überhaupt gibt, geschweige denn, dass diese Krankheit eine Gefahr darstellt. Warum solltest du dich schuldig fühlen, wenn du Angst hast, sobald du das erste Mal damit zu tun hast?"

„Wahrscheinlich hast du recht. Aber es fühlt sich trotzdem schrecklich an. Donny ist so ein großartiger Typ."

„Auch großartige Typen werden krank. Und es gibt eine Menge großartiger Typen, die nicht zu dir passen."

Ich riss den Kopf hoch. „Willst du damit sagen ..."

„Ich will damit gar nichts sagen. Donny ist vielleicht der Richtige für dich, vielleicht aber auch nicht. Du kennst ihn doch erst seit ein paar Monaten. In dieser Zeit kannst du wohl kaum so eine weitreichende Entscheidung treffen, mit oder ohne so einem Störfeuer."

„Hm. Störfeuer. Das triffte es."

Er ergriff meine Hand. „*Genau* das ist es, ein Störfeuer. Es bedeutet nicht, dass du nicht mit ihm zusammen sein kannst, aber es erweitert die Liste der Dinge, die du bedenken musst, wenn du entscheidest, mit wem du dein Leben verbringst. Es verändert die Art und Weise, wie ihr miteinander umgeht und wie frei ihr euch bei körperlichen Kontakten fühlen könnt. Manche Männer fühlen sich nie ganz wohl und kommen nie über die nörgelnde Stimme in ihrem Hinterkopf hinweg. Anderen geht es ganz gut damit."

„Ich habe keine Ahnung, zu welcher Gruppe ich gehöre."

„Ich weiß. Und Donny weiß das auch. Genau das macht ihm ja Angst."

Jetzt schürzte ich die Lippen. „Angst? Wovor sollte *er* Angst haben? Ich bin doch nicht derjenige mit dem tödlichen Virus."

Dwayne ließ meine Hand los und gab ihr einen vorwurfsvollen Klaps. „Stell dich nicht so dumm. Du weißt es doch besser. Er hat Angst, *verletzt zu werden*. Er hat dir doch von den anderen Typen erzählt, die sofort weggelaufen sind, als sie es herausgefunden haben, und viele von ihnen waren Männer, mit denen er noch nicht viel Zeit verbracht hat,

Männer, die ihm noch nicht wichtig gewesen sind. Er *sorgt* sich um dich. Was denkst du denn, wie er sich fühlen würde, wenn du plötzlich abhaust?"

Ich stütze mein Gesicht in meine Hände. „Das ist so scheiße."

„Ja, das ist es."

Nach einem weiteren endlosen Augenblick griff Dwayne über die Couch und umarmte mich. Es war zwei Uhr nachts, und er sah erschöpft aus. Ich fühlte mich ausgelaugt.

„Triff heute Nacht keine Entscheidungen, auch morgen noch nicht. Nimm dir einfach Zeit zum Nachdenken. Und was auch immer du tust, sieh dir nicht mehr diese medizinischen Websites an. Dort steht alles, was passieren könnte, aber nicht das, was wahrscheinlich – oder sogar vernünftig – ist."

Ich nickte und stand auf. „Reden wir morgen?"

„Aber sicher."

· · · ● · ● · · ·

An diesem Montagabend stand kein Basketballspiel an, also ging ich nach der Arbeit ins Fitnessstudio. Ich war zwar nicht mit dem Herzen bei der Sache, aber ich ging trotzdem hart zur Sache. Ich konnte nicht aufhören, an all das zu denken, was Dwayne am Abend zuvor gesagt hatte. So sehr ich mich auch bemühte, ich konnte nicht aufhören, den Quilt vor mir zu sehen.

Überall, wo ich hinsah, zogen und drückten die Jungs, um fitter, stärker oder schlanker zu werden. Wenn ein Typ auch nur den kleinsten Bauch oder eine eingefallene Wange hatte, schoss mir schon das Bild der Nebenwirkungen in den Kopf. Das konnte ich nicht abstellen. Die Gedanken kamen immer wieder.

Entnervt packte ich meine Gewichte zusammen und ging.

Als ich nach Hause kam, rief ich Donny an. Ich wollte einfach nur seine Stimme hören. Ich hoffte, dass er auch meine hören wollte.

„Hey", sagte ich, als er abnahm.

„Hallo, du."

„Wie geht es den Kindern?"

„Gut. Fröhlich wie immer."

Dann gab es eine lange, unangenehme Pause.

„Geht es dir denn gut?", fragte er.

„Oh ja, mir geht es gut. Gut. Wirklich." *Idiot.*

„Das ist schön." Er glaubte mir nicht. Das konnte ich hören.

„Ich habe deine Stimme vermisst."

„Ich deine auch."

Wieder eine peinliche Stille.

„Ich muss die Jungs füttern. Plaudern wir später?"

„Klar", antwortete ich.

Der Ton, der im Hörer erklang, als er auflegte, war wie ein Herzmonitor mit einer flachen Linie.

KAPITEL 5

COLLEGEHUNKS BEWEGEN SCHROTT

Donny und ich gingen nie wieder miteinander aus.

Wir trafen uns eines Nachmittags vor seiner Schicht in der Bar in einem örtlichen Café. Ich versuchte, ihm in die Augen zu schauen und ihm zu erklären, wie sehr ich ihn mochte und bewunderte. *Bewunderte?* Ich war so ein Idiot. Wer sagt denn so was?

Aber nichts davon machte es besser.

Die Tränen, die meine Augen trübten, drückten mehr aus, als alle Worte es konnten, und er ergriff meine Hand. Als ich sie wegzog, hielt er mich fester. Er war so ein guter Mann. Er hatte meine Angst nicht verdient – aber ich konnte sie nicht unterdrücken. Sie hatte gesiegt.

In den folgenden Jahren dachte ich oft daran zurück, was mit Donny hätte sein können. Was hätte das Leben mit dem gut aussehenden Barkeeper und seinen verspielten Katzen zu bieten gehabt? In der kurzen Zeit, die wir zusammen verbracht hatten, hatte er so viel Zärtlichkeit und Respekt, so viel Mitgefühl gezeigt. Mit jeder Erinnerung wusste ich, dass ich etwas Besonderes verlassen hatte – nein, *jemand* Besonderes.

Wann war das Leben bloß so ernst geworden?

Es war erst gestern gewesen, als ich mich geoutet und gelacht hatte, als ich dumme Dinge gesagt und getan hatte, aus behüteter Unwissenheit, Neugier oder jugendlicher Naivität. Und jetzt musste ich mich mit lebensbedrohlichen Krankheiten und lebensverändernden Entscheidungen auseinandersetzen und mich für einen Weg entscheiden, wo ich kurz zuvor noch nicht einmal eine Straße zu meinen Füßen gesehen hatte.

Warum musste das Leben nur so …

Es gab kein Wort für das, was mein Herz fühlte.

Dwayne und ich besuchten ihn an der Bar, und er war freundlich und aufmerksam wie immer. Er wartete sogar schon mit unseren Getränken auf uns, bevor wir von der Eingangstür aus die Bar erreichten. Aber er bat mich nie wieder um ein Date, und ich ihn auch nicht. Jedes Mal, wenn wir uns sahen, war eine Traurigkeit in seinen Augen zu sehen. Und die spürte ich auch in meinen eigenen.

Aus Wochen wurden Monate der Eintönigkeit im neuen Job. Der jahrelange Medikamentenverkauf mit meinem Teilzeitprediger Dad hatte mich zu einem guten Verkäufer gemacht, und ich wurde nach nur vier Monaten zum Verkaufsleiter befördert. Ich hatte wirklich keine Ahnung, was ich da tat, aber der vorherige Verkaufsleiter war gegangen, und sie hatten jemanden gebraucht, der auf die verrückten Verkäufer aufpasste und die Sprache der Programmierer ins Englische übersetzte. Die Stelle war mit einer Gehaltserhöhung verbunden, also konnte ich mich nicht beschweren.

Als sich die Bäume orange und gelb färbten, wurde ich langsam unruhig. Ich konnte nicht erklären, warum, es war einfach ein Gefühl, das mich überkam und das sich nicht ausblenden ließ. Dwayne dachte, ich sei noch immer traurig wegen Donny. Er hatte schon einmal eine Trennung mit mir durchgemacht. Dann hatte er mir immer Pferde vorgesetzt, und das hatte meistens geklappt. Ich bin ja schließlich ein Mann.

Aber dieses Mal funktionierte es nicht. Ich brauchte etwas Anderes, etwas *völlig* Anderes. Ich brauchte einen Tapetenwechsel, einen Neuanfang.

Je mehr ich darüber nachdachte, desto sinnvoller erschien es mir. Ich hatte mein ganzes Leben in Nashville verbracht. Ich konnte sogar das Zimmer im Baptist Hospital besuchen, in dem ich geboren worden war. Abgesehen von Urlaubsreisen mit der Familie ein paar hundert Kilometer entferen, um die Enkel zu besuchen, hatte ich die Gegend nie wirklich verlassen. Peter, der tollste muskelbepackteste Mitbewohner der Welt, hatte mich im Stich gelassen, und ich war wieder einmal ganz allein. Die Vorstellung, in eine neue Stadt zu ziehen, war beängstigend und aufregend zugleich.

Es war Zeit für das Baby, das Nest zu verlassen. Es musste fliegen!

Aus einer Laune heraus schnappte ich mir eine Karte. Da ich jahrelang mit meinem Dad auf Reisen gewesen war, besaß ich einen Stapel Tankstellenpläne – du weißt schon, diese faltbaren, die man nie wieder so hinkriegt, wie sie ursprünglich gefaltet waren? Mein Dad hatte mir sogar einen Straßenatlas gekauft, in dem jede Autobahn, jede Straße und jeder Feldweg auf dem amerikanischen Festland verzeichnet war. Das Ding war dicker als die Gelben Seiten, die ich zwei Monate lang vor meiner Wohnungstür liegen gelassen hatte.

Ich zeichnete einen roten Kreis um Nashville, um die Suche auf ein paar hundert Kilometer einzugrenzen. Ich dachte mir, wenn ich den neuen Ort hasste, das Rudel vermisste oder einfach nur zurückziehen wollte, wäre es vernünftig, in der Nähe meines Heimatortes zu wohnen.

Ich wusste, dass ich in einer größeren Stadt leben wollte, um das bunte Treiben zu erleben, von dem ich so viel gehört hatte, und das schränkte die Suche auf ein paar große, schwarze Punkte und Sterne ein. Dann verfeinerte ich die

Auswahl auf Städte mit einer großen schwulen Gemeinde, und zwar ausschließlich aufgrund der Beteiligung an Softballturnieren, an denen mein Team teilgenommen hatte.

Ja, Leute, ich ging bei meiner Suche nach einem neuen Zuhause geradezu wissenschaftlich vor.

Zu keinem Zeitpunkt spielten Lebenshaltungskosten, der Arbeitsmarkt, der Wohnungsmarkt, der Verkehr oder andere *sachliche* Gründe eine Rolle. Diese Entscheidung basierte hauptsächlich darauf, wie viele Teams eine Stadt zu einem schwulen Softballturnier schickte.

Das in Leder gekleidete Teufelchen auf meiner Schulter kicherte, als ich die Finalisten auf Atlanta und Chicago eingrenzte.

Das Engelchen brach in Tränen aus.

Ich dachte an Chicago. Das war ein Musical. Dort mochte man Pizza. Und das war auch schon alles, was ich wusste.

Atlanta lag in Georgia, etwa eine Stunde von dem Ort entfernt, an dem meine Großmutter lebte. Die Braves waren dort. Die Falcons auch, aber damals interessierte sich niemand für die. Ich wusste, dass in Atlanta schrecklicher Verkehr herrschte, aber auch, dass dort die Olympischen Spiele stattgefunden hatten. Das ist doch cool, oder?

Ich erinnerte mich daran, dass Chicago die Cubs hatte; auch die interessierten mich nicht – wahrscheinlich noch weniger als die Falcons. Beide Teams waren scheiße.

Und dann fiel es mir wie Schuppen von den Augen. Ich *hasste* kaltes Wetter.

Atlanta, ich komme!

· · · • · · • · · · ·

„Ich kann immer noch nicht glauben, dass du das machst, ohne zuerst einen Job zu suchen", meinte Dwayne, als ich ihm meine Kaffeemaschine überreichte.

„Ach, hör doch auf. Freu dich einfach für mich, alter Mann. Das wird ein Abenteuer!"

„Das kannst du laut sagen", murmelte er, laut genug, dass ich es hören konnte.

Der wahre Prüfstein für eine Freundschaft ist, wenn sie dir beim Umzug helfen. Dwayne war an diesem Morgen schon früh da, half beim Packen und Schleppen jedes Mixers und jeder Kiste und stopfte meinen Umzugswagen so voll, wie es nur ging. Er hatte sich ein paar Tage Urlaub vom Restaurant genommen und war fest entschlossen, mit nach Atlanta zu fahren und mir beim Einzug zu helfen. Er meinte, er wollte Atlanta sehen, weil es Jahre her war, dass er eine „echte Schwulenbude" besucht hatte, was auch immer das heißen mochte. Ich wusste, dass er einfach nur Zeit mit mir verbringen wollte, bevor unser Leben durch Zeit und Entfernung unwiderruflich verändert werden würde. Das machte mich traurig. Ich würde Dwayne mehr vermissen als alle anderen. Schließlich war er meine Familie.

Als der Wagen vollgestopft war, fuhren wir ein letztes Mal in unser Lieblingsrestaurant. Katie wartete bereits auf uns, als wir hereinkamen, und warf sich mir praktisch an den Hals. Ich verschluckte mich fast an dem Duft von billigem Parfüm und Bratenfett. Verdammt, das würde ich auch vermissen.

Um drei Uhr waren wir auf der Straße, Dwayne in meinem Auto und ich im Umzugswagen. Handys gab es noch nicht, also entwickelten wir ein System aus Hupen und Blinken, um uns gegenseitig mitzuteilen, wenn wir anhalten und uns strecken oder pinkeln mussten.

Armer Dwayne und seine klitzekleine Blase. Die Fahrt hätte nur vier Stunden dauern sollen. Und wir hielten sechs Mal an.

Als wir auf den Fruit Loop, auch bekannt als Perimeter, fuhren, war es bereits dunkel. Dwayne hatte schon vor Jahren erfahren, dass er meinem Orientierungssinn nicht trauen durfte, also folgte ich ihm in die Stadt. Gegen neun Uhr kamen wir an meinem neuen Wohnkomplex in einem Viertel namens Midtown an. Ein supersüßer Wächter in einer Uniform, die ihm eine Nummer zu klein war, begrüßte mich, reichte mir meine Schlüssel und ließ uns durch das Tor. Ich sah, wie er in meinem Rückspiegel grinste, als wir durchfuhren.

Die Göttin der niedlichen Grübchen hatte dieses neue Land mit Sicherheit gesegnet.

In diesem Moment wusste ich, dass ich Atlanta *lieben* würde.

KAPITEL 6

WILLKOMMEN ZU HAUSE

Ich habe weder einen Hang zum Dekorieren, noch zum Nestbau, also dauerte das Auspacken des Umzugswagens nur ein paar Stunden. Dwayne war ein nerviger Frühaufsteher, also begannen wir zu einer unchristlichen Zeit mit dem Schleppen von Koffern und schwarzen Müllsäcken voller Kleidung. Ja, ich war wie ein achtundzwanzigjähriger College-Student, wenn es ums Packen ging. Mein lieber Freund machte sich die ganze Zeit über mich lustig.

Als alles sicher in meiner Wohnung im dritten Stock verstaut war, machte sich Dwayne daran, meine spärlichen Möbel zu ordnen. Er verbrachte lächerlich viel Zeit damit, im Wohnzimmer die Couch und den Pappkarton, den ich als Beistelltisch benutzte, umzustellen.

Wie konnten zwei Möbelstücke nur so viel Aufmerksamkeit benötigen? Eines davon wurde nicht einmal als Möbelstück eingestuft.

In dieser Hinsicht bin ich ein ziemlich einfacher Typ. Solange ich den Fernseher von der Couch aus sehen und die Küche in weniger als zehn Schritten erreichen kann, bin ich zufrieden. Am Ende brachte Dwayne alles zurück in Design Nummer sieben und erklärte die Raumaufteilung für abgeschlossen.

Gegen zwei Uhr verdrängte der Hunger die Aufregung, Unterwäsche aus Müllsäcken zu ziehen. Dwayne hatte von einem Restaurant namens *Roasters* gehört, das dem Hähnchenbrater, den wir in Nashville so geliebt hatten, verblüffend ähnlich war, aber keiner von uns wusste, wo es war. Als wir die gewundenen Metalltreppen hinunterstiegen, hörten wir Geplätscher und Gelächter, gemischt mit peppiger Tanzmusik, die aus dem Innenhof des Komplexes dröhnte. Das war ein guter Ort, um nach dem Weg zu fragen.

Aus dem Plätschern schlossen wir, dass da wohl auch ein Pool war. (Ich weiß, wir warten immer noch auf unseren Nobelpreis für diesen Geniestreich. Aber der ist wohl in der Post verloren gegangen.) Was wir nicht erwartet hatten, waren mehr als hundert Männer, die schwammen, tranken, lachten und tanzten. Ich hätte jede Münze vom heiligen Schmutzwäschestapel darauf verwettet, dass sie *alle* schwul waren. Die Küsse und spielerischen Berührungen ließen das zumindest vermuten. Man brauchte kein Schwulenradar, um diese Gruppe zu erkennen.

Überall, wo ich hinsah, lagen Bauchmuskeln zum Bräunen bereit, und die meisten der Jungs trugen nicht mehr als einen Streifen Stoff, der ihre ausgeprägten Rückenfinnen bedeckte.

Moment, die ist doch auf dem Rücken, oder? Wie heißt dann die andere Flosse? Ist ja auch egal. Der Punkt ist, dass ich jede Menge Pimmel und Hintern sehen konnte. Es war fantastisch.

Meiner scharfen Beobachtungsgabe fielen zwei Dinge sofort auf. Erstens: Bei über hundert Männern in Tangas im Poolbereich war nur eine Frau anwesend. Ich wusste ja, dass Atlanta eine schwulenfreundliche Stadt sein würde, aber lebten hier überhaupt irgendwelche heterosexuelle Leute?

Zweitens, und das war noch bemerkenswerter, all die Hollywood-Hotness, die vor uns ausgebreitet worden war.

Lass mich das kurz erklären. Es gibt heiße Typen und dann gibt es die Elite, die „Hollywood Hotties". Der Unterschied ist ganz einfach. Ein heißer Typ ist ein durchschnittlich gutaussehender Mann, wie du ihn in jeder Stadt Amerikas finden kannst. Er kann muskulös oder dünn sein, sportlich oder ... du verstehst schon. Das Wichtigste ist, dass er *in seiner Stadt* als gutaussehend angesehen wird.

Nehmen wir nun denselben gutaussehenden Mann und versetzen ihn in das Zentrum von Hollywood. Wie sieht er im Vergleich dazu aus? Seien wir ehrlich, es gibt einen Unterschied zwischen den meisten süßen Typen von nebenan und Henry Cavill.

Oh, Henry. Du brauchst mich. Du weißt es nur noch nicht.

Zurück zum Pool.

Nashville hatte jede Menge schöner, muskelbepackter Kerle. Ich würde sogar sagen, es waren auch ein paar Hollywood-Hotties dabei. Das ist in jeder Stadt so. Aber was wir hier am Pool sahen, ließ mein Herz höher schlagen als die Bässe aus den Lautsprechern. Hier waren mehr echte Hollywood Hotties, als ich je an einem Ort gesehen hatte, abgesehen von der Oscar-Verleihung oder irgendeinem anderen Treffen der Crème de la Crème.

„Wo sind wir?", fragte ich Dwayne und konnte nicht verhindern, dass mein Blick von einem nackten Oberkörper zum nächsten hüpfte.

„Das ist Midtown. Du bist jetzt in der schwulen Seifenblase. Viel Glück!"

Er schien unbeeindruckt von dem Buffet an Ärschen, das sich vor uns ausbreitete – bis eine Schar sehr lebhafter Hühner auftauchte und sich bis auf ihre Bananenschaukeln auszog. Dwayne wurde fast ohnmächtig. Ich war mir *sicher*, dass ich seine Fußfessel summen hörte.

Eines der Hühner schaute von der anderen Seite des Pools auf. Es war ein schmächtiger, blonder Jüngling, kaum zwanzig Jahre alt – *genau* die Art von Junge, die Dwayne in Fahrt brachte. Er lächelte und winkte uns zu, dann drehte er sich um und beugte sich vor, um die Hose auszuziehen, die er über seiner blauen Superman Badehose trug – die Hose mit dem S-Logo in der Mitte seines Hinterns.

„Wir müssen schnellstens eine Wegbeschreibung bekommen und abhauen, bevor ich noch einen Herzinfarkt bekomme“, erklärte Dwayne und tupfte sich den Schweiß von der Stirn.

Ich lachte und lehnte mich über die Reling zum nächstgelegenen Sonnenbadenden. Ein paar Minuten und ein Dutzend Flirts später waren wir auf dem Weg zum Parkplatz.

„Bist du in eine Schwulenbar gezogen?“, fragte er. „Ich habe zwar gewusst, dass Midtown so etwas wie Boystown in Chicago ist, aber ich hatte keine Ahnung, dass hier so viel mehr los ist.“

„Sieh mich nicht so an. Ich war noch nie hier.“

Als wir aus dem Gebäudekomplex fuhren, fing er ohne ersichtlichen Grund an zu lachen.

„Möchte ich überhaupt wissen, worüber du dich so amüsierst?“

„Dein Wohnkomplex heißt Monroe Place“, stellte er zwischen zwei Lachern fest.

„Äh, ja. Und?“

„Ich habe gehört, dass einige der Jungs dort den Ort Melrose Place nennen. Jetzt ergibt das alles einen Sinn.“

Ich wusste nicht, was das bedeutete, da ich mich durch die Abende mit kitschigen Fernsehserien durchgeschiedsrichtert hatte, aber Dwayne lachte den ganzen Weg zum Restaurant.

• • • • • • • • • •

Wir betraten das *Roasters* und der köstlichste Geruch stieg mir in die Nase. Es war eine Mischung aus langsam gebratenem Hühnchen und jedem Gemüse, das ich mir vorstellen konnte. Das Lokal selbst war urig, eine gehobene Version unseres Diners in Nashville. Die Gäste waren jedoch ganz anders als die, die ich in unserem Diner gesehen hatte. Wir standen einen langen Augenblick staunend in der Tür, bevor eine Frau Mitte sechzig mit einer rot-weiß karierten Schürze und einem strammen Haarknoten auf uns zuwatschelte.

„Seid ihr zum Essen oder zum Glotzen hier? An einem Tisch könnt ihr beides tun", erklärte sie ohne einen Hauch von Belustigung.

„Entschuldigung, ja, wir hätten gerne einen Tisch. Danke", antwortete Dwayne.

In einem Restaurant mit hundert Plätzen war noch ein Tisch frei, und zwar ganz hinten bei der Küche. Als wir zwischen den Tischen hindurchgingen, drehten sich alle Köpfe herum.

Hatte ich schon erwähnt, dass es außer Frau Bissig keine einzige Frau in dem Lokal gab?

Jeder Tisch, an dem wir vorbeikamen, war mit Männern besetzt. Jung, alt, groß, muskulös, dick, dünn ... was immer du willst. Für jedes Gemüse auf der Speisekarte gab es einen passenden schwulen Geschmack. Es gab sportliche Typen in T-Shirts und Tanktops, die wahrscheinlich gerade trainiert hatten. Eine Gruppe bebrillter Jungs spielte ein seltsames Brettspiel mit Miniaturdrachen und Rittern. Einer der Nerds warf einen Haufen Würfel, als wir vorbeigingen. Die gehörten eindeutig zu einer intellektuellen Sorte von Schwulen, die ich noch nicht kannte, und erinnerten mich an die Programmierer, mit denen ich früher zusammengearbeitet hatte. An ein paar Tischen saßen Pärchen, die sich liebevoll aneinanderschmiegten. Sie stibitzten sich gegenseitig das Essen. An den meisten Tischen saßen Gruppen von drei oder vier Personen und unterhielten sich angeregt.

Es war alles so köstlich.

Äh, ich meine ... das Essen. Das Essen roch köstlich.

Dwayne lehnte sich über den Tisch und flüsterte, als Bissig gegangen war: „Essen wir in einer Schwulenbar?"

Ich konnte nicht aufhören, den langen Raum zu scannen. Mein Kopf drehte sich ständig, wie ein defektes U-Boot-Periskop.

Das Restaurant war zwanzig, vielleicht dreißig Meter lang. An beiden Wänden standen Stühle, und in der Mitte gab es zwei Reihen mit vier Tischen. Alles in dem Lokal war aus Holz, was es besonders laut machte, wenn die Schwulen quatschten. Für alle Unwissenden: Schwule hören eigentlich nie auf zu quatschen. Sie machen lediglich eine Pause, um sich Essen oder andere Dinge in den Mund zu stecken.

Unser Tisch war zwischen dem Eingang zur Küche und dem schmalen Gang, der zu den Toiletten führte, eingepfercht. Ein besonders fitter, gutaussehender Mann in einem Lycra-Top verlangsamte seine Schritte, als er an uns vorbeiging, um sich zu erleichtern. Ich sah auf, er grinste und setzte seinen Weg fort.

„Ich glaube, ich bin gestorben und im Schwulenhimmel gelandet", murmelte ich und starrte ihm den Gang entlang nach.

Dwayne gluckste und schnippte mit den Fingern. „Ich bin hier drüben, Schlampmilla."

Ich drehte meinen Kopf herum. „Hey! Ich wohne hier erst seit fünfzehn Stunden? Ich hatte noch keine Zeit, mir diesen Titel zu verdienen. Gib mir eine Minute."

Er verdrehte die Augen. „So wie du dich durch das Telefonbuch von Nashville geschlafen hast, dauert es sicher nur eine Minute, bis wir deinen abgenutzten Arsch in eine andere Stadt verfrachten müssen."

„Ha ha ..."

Ich hielt mir den Mund zu, als ich merkte, dass ein sehr belustigter, sehr süßer, junger Kellner hinter mir stand und das ganze Gespräch mit anhörte. Dwayne hatte die Frechheit, ihm zuzuzwinkern. Sie hatten sich verschworen!

„Willkommen im *Roasters*. Ich bin Jack. Was darf es sein, meine Herren?"

Der listige Jack trat an die Seite des Tisches, damit ich ihn besser sehen konnte. Mein Blick wanderte von seinen Grübchen zu seinem Oberkörper und dann zu seinen kräftigen Armen.

„Ähem. Hier oben, mein Hübscher. Ich stehe heute Abend nicht auf der Speisekarte", grinste Jack und zwinkerte mir zu.

Was sollte dieses Zwinkern?

Dwayne spuckte das Wasser aus, an dem er gerade genippt hatte. „Du musst Michael hier entschuldigen. Er ist Frischfleisch … ich meine, er ist gerade von Nashville hierhergezogen."

„Oh, das ist ja süß. Ein armer Junge vom Lande an seinem ersten Tag in der großen, schwulen Stadt", erwiderte Jack spielerisch und zwinkerte Dwayne mit einem verschmitzten Schimmer zu. „Überlass mir die Vorstellung."

Ich versteifte mich. Ich spürte, dass gleich etwas passieren würde.

Jack drehte sich um, stopfte dramatisch seinen Bestellblock in seine Schürze und klatschte fünfmal in Richtung Speisesaal. „Alle! Hallo! Achtung, hier drüben!"

Jemand beschloss zu helfen und klirrte mehrmals mit der Gabel gegen den Teller, sodass der Typ, der hinter ihm saß, einen Riesenschreck bekam. Ich lachte, als der Hüpfer sich umdrehte und den Klirrer anglotzte.

Als sich alle beruhigt und die Köpfe herumgedreht hatten, legte Jack mir eine Hand auf die Schulter. „Gentlegays von Atlanta, das ist Michael. Er ist gerade erst nach Atlanta gezogen und kennt hier noch niemanden. Und er ist *wunderbar*." Er schnurrte das *bar* in wunderbar, als er meinen Bizeps drückte. „Lasst uns dafür sorgen, dass er sich willkommen fühlt, ja?"

Alle Anwesenden, einschließlich Bissig, ließen ihre Gabeln fallen und applaudierten. Einige johlten, andere brüllten, einige riefen ihre Telefonnummern.

Was machte man bei so einem Jahrhundertereignis? Ich wusste nicht, ob ich mir die Brust vor Stolz aufplustern und wie Miss America winken sollte, oder ob ich mich den Flur hinunterschleichen und auf der Toilette verstecken sollte.

Vielleicht war es aber auch nicht die beste Idee, mich auf der Toilette zu verstecken, wenn so viele schwule Männer mich gerade willkommen geheißen hatten.

Vielleicht war es das aber doch. Immerhin hatte ich mir einen Titel zu verdienen.

Ich setzte mich und wurde rot. Kein sexy Rot, wie in *Fifty Shades*. Ein ganz normales, peinliches Rot ... bis hin zu meinen Ohrenspitzen.

Und das ermutigte den Mob.

Jack beugte sich herunter und küsste mich auf die Wange. Der Saal tobte.

Dwayne, meinem *ehemals* besten Freund und Wingman, liefen die Tränen über die Wangen, während ich mich im regenbogenfarbenen Scheinwerferlicht wälzte.

Auf Jacks Anweisung hin hielt jeder, der auf dem Weg zur Toilette an unserem Tisch vorbeikam, inne und sagte in irgendeiner Form: „Hi, Michael. Willkommen in Atlanta".

Ein paar waren ein bisschen dreister. Einer war geradezu lüstern. *Seine* Telefonnummer bekam ich.

KAPITEL 7

ON THE ROAD AGAIN

An meinem dritten Tag in Atlanta hatte ich ein Vorstellungsgespräch als Vertriebsleiter bei einem IT-Personalvermittler. Ich hatte zwar keine Ahnung von Personalvermittlung, aber ich kannte mich in der IT-Welt gut aus und war ziemlich zuversichtlich, was meine Verkaufsfähigkeiten anging. Es war einen Versuch wert.

Mein Gesprächspartner, Mark, war der scheidende Vertriebsleiter. Er wollte die Firma nicht verlassen, er wollte bloß nicht mehr den Babysitter für die Kids spielen. Über diese Aussage lachten wir beide. Sie war beängstigend zutreffend.

Eine halbe Stunde nach meinem Gespräch mit Mark kam ein schlanker Mann in sein Büro. Der Mann war Mitte dreißig und so blass, dass er Statist in *Buffy die Vampirjägerin* hätte sein können. Ich sprang auf und Mark stellte den Neuankömmling als Ted vor, den Gründer und Eigentümer des Unternehmens. Wir schüttelten uns die Hände, unterhielten uns fünf Minuten lang und dann ging er wieder.

Im Fachjargon der Verkaufsbranche war das ein Drive-by gewesen. Ich war noch keine Stunde da und wusste bereits, dass gleich ein Angebot auf den Tisch gelegt werden würde.

Und es kam tatsächlich. Ich hatte eine Anstellung.

········

Der nächste Sonnenaufgang läutete meinen ersten Samstag in Atlanta ein. Wir fuhren ziellos umher und erkundeten meine neue Stadt, wiesen auf Dinge hin und plauderten und lachten die ganze Zeit. Es war cool, die olympischen Ringe aus der Zeit zu sehen, als Atlanta Gastgeber für die gesamte Welt gewesen ist. Die Stadt hatte bereits vor den Spielen gut floriert, aber in den Jahren danach war sie explosionsartig gewachsen. Überall, wo wir hinsahen, ragten Kräne auf teilweise fertiggestellten Gebäuden empor. Seltsamerweise fühlte sich der Ort durch die vielen Bauarbeiten lebendig an, als würde die Stadt selbst aus dem Boden ragen und überall neues Leben verbreiten.

Ich war überrascht, wie groß das Stadion der Braves war. Sie nannten es „Ted", nach dem berühmten Mr. Turner. Da Nashville kein professionelles Baseballteam hatte, war ich nie wirklich ein Fan gewesen, aber ich nahm mir vor, ein paar Souvenirs zu kaufen und mehr über mein neues Team zu erfahren. Als Dwayne mich fragte, ob ich dasselbe für die Falcons tun wollte, musste ich lachen. Gewinnen machte mir mehr Spaß, als mich anzupassen.

Das Haus von Margaret Mitchell lag malerisch inmitten der Wolkenkratzer von Midtown. Ich konnte mich zwar nur vage daran erinnern, *Vom Winde Verweht* gesehen zu haben, aber das Haus der Autorin war ein Programmpunkt unserer Tour, über den ich sehr froh war.

Der Piedmont Park war fast genauso beeindruckend wie unser erster Besuch bei *Roasters*. Der Park selbst war eindrucksvoll groß und wunderschön. Auf der einen Seite gab es weitläufige Grasflächen, die von Softballfeldern und Fußballtoren unterbrochen wurden. Auf der anderen Seite befanden sich sanfte Hügel mit ebenem Land in der Mitte. Jungs und Mädels fuhren mit dem Fahrrad, Skateboard und Rollerblades auf den gut gepflegten Wegen, die rundherum führten, während Hunderte von anderen Parkbesuchern mit ihren Hunden Frisbee spielten, sich Footballs zuwarfen oder in der Sonne faulenzten.

Das Erstaunliche an unserer Fahrt durch den Piedmont Park war nicht die Anzahl der Atlantaner, die sich an die frische Luft gewagt hatten, sondern die Zusammensetzung der Besucher dort. Die meisten Männer waren entweder ohne Shirt oder in knappen Tank-Tops unterwegs. Einige kuschelten auf Decken, andere umarmten und küssten sich. Wenn sich zwei Gruppen trafen, umarmten sie sich, wie ich das schon so oft in den Schwulenbars in Nashville gesehen hatte. Doch anders als am Pool im Monroe Place gab es hier auch ziemlich viele Frauen. Einige waren zusammen mit den Männern in Gruppen, aber die meisten waren in ihren eigenen kleinen Grüppchen unterwegs. Viele der Frauen trugen Regenbogenfarben.

Auffallend war auch, dass der Anteil an Hotties sehr hoch war. Während es in anderen Städten vielleicht eine Handvoll wirklich schöner Männer gab, schien in Atlanta ein Großteil von ihnen dichtes, kräftiges und sehr buntes Gefieder zu haben. Mein Blut pumpte etwas schneller, sowohl wegen Klein-Michaels wachsender Begeisterung über die Möglichkeiten, die sich mir boten, als auch wegen meines Herzens, das sich vor Augen hielt, wie einschüchternd all diese leckeren Männer waren. Wie sollte man in einem Land der wahrhaft Gesegneten mithalten? Die Dichte an Geilheit war überwältigend.

An diesem Abend führte mich Dwayne aus, um zu feiern, dass ich so schnell einen neuen Job bekommen hatte. Ich glaube, wir waren beide überrascht, wie sehr das Schicksal meinen Schritt zu unterstützen schien. Wir gingen wieder ins *Roasters*. Was soll ich sagen? Wir liebten das tolle Hühnchen und das Gemüse. Das Männerfleisch auf der Speisekarte schadete auch nicht.

Die festliche schwule Stimmung beim Abendessen brachte uns beide in die Stimmung, eine andere Seite von Atlanta zu erkunden, also schnappten wir uns eines der bewährten *David*-Magazine aus einem Regal an der Eingangstür und versuchten zu erraten, welche Bar an einem Samstagabend beliebt sein würde. Dwayne schloss einige Lokale aus, die seiner Meinung nach entweder zu schäbig waren oder sich an eine ganz bestimmte Nische innerhalb der schwulen Community richteten. Ich war nicht mehr neu in der Welt des Regenbogens, aber ich musste noch etwas über verschiedenfarbige Taschentücher lernen und darüber, was Tattoos auf dem linken oder rechten Arm bedeuteten. Ich nahm mir vor, das Schwulenhandbuch noch einmal zu Rate zu ziehen.

Wir entschieden uns für die Bar mit der größten Anzeige, ein Lokal namens *Backstreet*. Zwei ganze Magazinseiten waren mit Bildern von halbnackten Jungs gefüllt, die auf Kisten tanzten oder neben einer Bar herumhüpften. Jeder abgebildete Barkeeper sah glücklich, heiß und geil aus.

Nein, ich weiß auch nicht, wie man in einer Zeitschrift geil *aussieht*, aber ich dachte genau das. Oder vielleicht war ich auch derjenige, der ... egal.

Der Parkplatz des *Backstreet* war genauso groß wie der des *Connection* in Nashville. Autos standen in alle Richtungen, und die Männer strömten wie Ameisen aus ihnen heraus, um zu ihrem Hügel zurückzukehren. Als wir in eine Parklücke fuhren, spürte ich ein Kribbeln, wie ich das seit dem ersten Abend, an dem ich festgestellt hatte, dass ich versehentlich in einer Schwulenbar gelandet war, nicht mehr erlebt hatte.

Seit dieser Nacht war ich in vielen Bars in Nashville gewesen. Warum war ich plötzlich bloß so aufgeregt?

„Zeit für die Oberliga." beantwortete Dwayne meine Gedanken, als wir aus seinem Auto stiegen.

„Ja, ich bin tatsächlich ein bisschen nervös."

Er stieß ein bellendes Lachen aus. „Das wird sich schon legen, sobald du zum ersten Mal deinen Hintern geschüttelt hast – vielleicht auch beim ersten Anfassen oder Kneifen, wenn ich mich richtig daran erinnere, was du in Bars so treibst."

Ich grinste: „Oh, mein Hintern lässt sich eher anfassen als kneifen. Man könnte sich die Finger verletzen, wenn man versucht, in meine Granitbacken zu kneifen."

„Pah!" Er verdrehte die Augen und lachte. „Lass mich nur nicht allein, verstanden? Ich habe das Gefühl, dass du sehr beliebt sein wirst. Das ist bei Frischfleisch immer so."

„Ahh. Fleisch. Das ist das Süßeste, was du je zu mir gesagt hast."

Er verpasste mir einen Klaps auf den Arm und schob mich spielerisch zum Eingang der Bar.

In den nächsten Stunden zählte ich ein Dutzend Bruststöße, zwei Bizepsquetscher und mehr Hinterngrabscher, als mein alkoholisiertes Gehirn sich merken konnte. Dwayne kicherte, als ich bei den ersten Flirts fast aus meinen Jeans kippte, aber ich gewöhnte mich daran und genoss die Aufmerksamkeit, die ich als sommersprossiger, rothaariger, junger Nerd nie bekommen hatte. Sogar einige der Hollywood Hotties warfen mir einen respektvollen Blick zu. Wer hätte das gedacht? Ich könnte tatsächlich eine Chance in diesem Land der Schönheiten haben!

Dwayne zog mich von einem großen, gutaussehenden, lockigen Jungen weg, dessen Brustwarzen im flackernden Licht knallrot leuchteten. Ich hatte ja nicht gewusst, dass das Kneifen von Brustwarzen fast so beliebt war wie das Angrapschen von Arschbacken. Widerwillig gab ich Rotnippel einen Kuss auf die Wange und ließ mich zum Auto schleifen. Es war ja toll, mit Dwayne abzuhängen, aber er hielt es nicht lange aus, mich mit jedem Kerl mit Grübchen flirten zu sehen.

• • • ● • ● • • • •

Am nächsten Tag kehrte Dwayne nach Hause zurück. So sehr wir uns auch gegenseitig neckten, war es doch ein trauriger Abschied. Wir gaben einander all die Versprechen, die Freunde eben so machen, wenn sie Hunderte von Kilometern voneinander wegziehen, und versprachen uns, in Kontakt zu bleiben und einander so nah zu sein, wie wir es immer waren, aber wir wussten beide, dass das Leben so nicht funktionierte. Trotz unserer besten Absichten würde er damit beschäftigt sein, Hühner zu jagen und zu versuchen, seine Fußfessel zu entfernen, und ich würde ein neues Leben beginnen und meine neue Stadt und meinen neuen Job erkunden.

Wir waren dabei, uns zu trennen, und das *hasste* ich.

Ich umarmte ihn so lange, dass er mir sagen musste, ich solle ihn loslassen. Dann tat er etwas, was er in der ganzen Zeit, in der wir uns kannten, noch nie getan hatte. Er küsste mich auf die Wange, dann rieb er mit seinen Fingern darüber. Mir blieb die Luft weg. Ich wusste, dass er sich verabschieden wollte, weil er ein liebevoller, fürsorglicher Freund war, aber ich wollte ihn nicht loslassen.

Als ich sah, wie er durch die Tore von Monroe Place fuhr, verließ auch ein Teil von mir Atlanta.

KAPITEL 8

THINK!

Ich besaß zwei Anzüge. Sie hingen Seite an Seite an der Rückseite der Flügeltüren meines Kleiderschranks. Etwa ein Dutzend Krawatten lag auf dem Bett verstreut, während ich verzweifelt versuchte, ein Outfit für meinen ersten Tag im neuen Job zu finden. Ich war noch nie gut in solchen Dingen gewesen. Also wählte ich ein weißes Hemd, einen anthrazitfarbenen Anzug und eine blaue Krawatte mit kleinen rosa Punkten. Ich hatte keine Ahnung, ob das alles zusammenpasste.

Eine Tasse Kaffee und eine zwanzigminütige Autofahrt später stand ich in der Lobby meines neuen Büros. Eine junge Frau, die eindeutig mehr Kaffee getrunken hatte als ich, begrüßte mich mit einem fröhlichen Lächeln. Sie saß hinter einem riesigen, kirschroten Tresen, der mir fast bis zur Brust reichte. An der Wand hinter ihr, die von hellen Scheinwerfern angestrahlt wurde, stand der Name des Unternehmens in silbernen Metallbuchstaben: Think! Später erfuhr ich, dass das zweite Wort im Namen, *Resources*, nur selten verwendet wurde, weil der Inhaber es toll fand, wie einprägsam Think! war.

Als die Empfangsdame erfuhr, dass ich der neue Verkaufsleiter war, sprang sie von ihrem Platz hinter der weitläufigen Telefonzentrale auf und schüttelte mir die Hand. Irgendwie wurde ihr stark koffeinhaltiges Lächeln immer breiter. Es sah schmerzhaft aus.

Sekunden später trat eine hochgewachsene Gestalt in den Eingang rechts vom Empfang. Mark musste im selben Augenblick vorbeigekommen sein, als ich eingetroffen war. Er lächelte, streckte seine kräftige Pranke aus und ergriff meine Hand, als würde er eine Orange auspressen.

„Du hast ja keine Ahnung, wie froh ich bin, dass du hier bist", meinte er.

Ich war mir nicht sicher, wie ich seine Begeisterung deuten sollte, aber ich lächelte tapfer zu dem Riesen hoch. „Und ich bin froh, hier zu sein."

„Komm mit nach hinten. Ich zeige dir alles, dann kannst du dich in deinem Büro einrichten. Um neun Uhr findet eine Teambesprechung statt, um dich vorzustellen. Kein Druck, aber es sind harte Burschen."

Wir gingen an einer kleinen Gruppe von Arbeitsplätzen vorbei, an denen Programmierer und Büroangestellte arbeiteten. Mark deutete auf mein Büro gegenüber dieser Gruppe. Es war ungefähr so, wie man erwarten würde: ein dreieinhalb mal sechs Meter großer Kasten mit einem Schreibtisch, einer Kommode, einem Bücherregal und zwei Stühlen für Besucher. Die Rückwand war komplett verglast und bot einen Blick auf eine Wiese. Mir fielen die leeren Wände und der Schreibtisch auf und ich fragte mich, wie ich mir diesen Ort zu eigen machen würde.

Das Büro neben meinem stand leer. Mark erklärte, dass es für den Manager der Recruitingabteilung bestimmt war. Ich hatte keine Ahnung, was das bedeutete, aber ich nickte nachdenklich. Er erklärte mir, dass ich ein gewichtiges Wörtchen mitzureden hätte, wer für diese Stelle eingestellt werden würde.

Ich fügte meiner wachsenden Liste von Aufgaben hinzu, dass ich herausfinden musste, was ein Recruitingmanager war.

Marks Eckbüro erstreckte sich über ein Ende des Gebäudes und nahm so viel Platz ein, dass drei Büros in der Größe von meinem hineinpassten. Offensichtlich war er ein IT-Personalvermittler. Dennis, der Leiter der Technikabteilung, sprang von seinem Stuhl auf und begrüßte mich, als wir an seinem schrankgroßen Raum vorbeikamen.

„Hey, du musst der neue Vertriebsleiter sein. Michael, richtig?"

Ich nickte und schüttelte seine Hand. Sein Griff war deutlich lockerer als Marks – und schleimiger. Es fühlte sich ein bisschen so an, als hätte ich eine Schlange gequetscht, die unbedingt wegschlüpfen wollte.

„Großartig. Wir sind froh, dass du hier bist. Rühr den Computer nicht an, bevor ich dir gezeigt habe, wie man sich einloggt und dir die Begrüßungsrede gehalten habe, verstanden?"

Ich schaute Mark an. Er verdrehte die Augen, gerade so sehr, dass ich es sehen konnte.

„Äh, klar. Ich kenne mich sowieso nicht so gut mit Computern aus. Ich kann jede Hilfe gebrauchen, die du mir geben kannst."

„Gut. Drücke nur keine Knöpfe und klicke auf nichts, das du nicht verstehst. Klar?"

„Abgemacht."

Marks Pranke stupste meinen Arm an, ein Wink, um mich zu retten. Ich nahm ihn dankend an.

„War nett, dich kennenzulernen, Dennis. Wir sehen uns dann nach der Besprechung", sagte ich, und Mark und ich liefen weiter den Flur entlang. Dennis' Tür schloss sich mit einem Klick.

Mark beugte sich vor und flüsterte: „Er meint es gut, und er ist ein toller IT-Typ, aber er ist auch irgendwie ein Arschloch."

Als Neuer war ich mir nicht sicher, wie ich auf Marks Offenheit reagieren sollte, aber ich gluckste und schenkte ihm ein breites Lächeln. „Ich muss ihn für mich gewinnen. Verstanden."

Das letzte Büro, das wir besuchten, war das des Inhabers Ted, der starr auf einen der fünf Computerbildschirme auf seinem wahnsinnig langen Schreibtisch starrte. Er bemerkte uns nicht, als wir hereinkamen und Mark musste sich zweimal räuspern, um ihn zum Aufschauen zu bewegen.

„Oh, Michael, fängst du schon an?", fragte er und klickte auf ein paar Tasten, bevor er sich seinen Weg um den Tajima-Schreibtisch bahnte.

Mark rettete mich ein zweites Mal. „Heute ist Michaels erster Tag. Er trifft die Truppe um neun. Ich kann es kaum erwarten, den Staffelstab weiterzureichen."

Ted grinste und nickte, als hätten sie dieses Gespräch schon hundertmal geführt. „Willkommen. Setz dich doch, ich erzähle dir ein bisschen mehr über unsere Firma und dann kannst du dich in deinem Büro einrichten. Ich nehme an, Dennis hat dich schon über den Computer aufgeklärt?"

Mark stieß hinter mir ein trockenes Lachen aus.

Ich nickte: „Ja, er hat mir zu verstehen gegeben, dass ich auf Anweisungen warten soll, bevor ich irgendwas anrühre."

Ted grinste: „Gut. Glaub seinem Geschwätz nicht, er ist ein guter Kerl. Aber wir hatten vor einem Jahr einen schlimmen Hack und jetzt ist er total paranoid. Das ist wahrscheinlich ganz normal für einen IT-Manager heutzutage."

Wir saßen zu dritt an einem kleinen Konferenztisch, wo Ted und Mark über die Gründung und das Wachstum des Unternehmens berichteten. Die beiden wechselten sich ab und beendeten oft die Sätze des anderen wie ein altes Ehepaar, schienen aber genervt zu sein, wenn das passierte – wieder wie ein altes Ehepaar. Sie waren offen und freundlich, aber sie nahmen ihre Arbeit sehr ernst. Mark liebte die Verkaufsseite und wollte sich ganz auf seine persönliche Jagd nach neuen Kunden konzentrieren. Ted wollte Think! zur größten IT-Recruitingfirma des Landes machen. Er erzählte leidenschaftlich von den Computern und den Prozessen, wie die Website den Datenverkehr für neue Bewerber ankurbelte und die am besten Geeigneten auswählte.

Als ich Monate später das Gespräch noch einmal Revue passieren ließ, wurde mir klar, dass Ted nicht ein einziges Mal über die *Leute* gesprochen hatte, die für ihn arbeiteten.

· · · · ● · · ● · · · ·

Meine erste Woche bestand hauptsächlich aus Besprechungen mit den einzelnen Mitgliedern meines neuen Verkaufsteams. Ich war jetzt für zweiunddreißig Männer und Frauen verantwortlich, die meisten von ihnen waren Mitte zwanzig oder Anfang dreißig. Die Einzelgespräche waren interessant. Praktisch jede Person, die mein Büro betrat, tat dies mit einer gewissen Vorsicht, als ob sie nicht sicher wäre, ob sie einen Verbündeten oder einen Henker treffen würde. Die meiste Zeit verbrachte ich damit, Fragen zu ihrer Vergangenheit, ihren Interessen und ihren Zielen für die Zukunft zu stellen. Ich hatte schon vor langer Zeit festgestellt, dass nichts einen Verkäufer mehr beruhigte als der Klang seiner eigenen Stimme.

Das Recruitingteam war mit fünfundvierzig Mitgliedern etwas größer als mein Verkaufsteam. Ich hatte Mitleid mit demjenigen, den wir für diese Führungsaufgabe eingestellt hatten. Meine Gruppe war schon eine Herausforderung, ich konnte mir nicht vorstellen, noch dreizehn weitere Leute unter Kontrolle zu haben.

Am Donnerstag tauchte Teds Kopf in meinem Büro auf. Der Rest von ihm schlängelte sich an der Wand entlang. Was für ein merkwürdiger Mann.

„Wir haben Kandidaten für den anderen Managerposten, die wir gerne von dir interviewen lassen würden. Hast du heute Nachmittag um zwei Zeit?"

Ich blätterte in meinem Kalender und nickte dann: „Ich bin frei. Gibt es etwas Bestimmtes, auf das ich achten soll?"

Er schüttelte den Kopf: „Nein. Vertraue einfach deinem Bauchgefühl. Diese Person wird dein Partner bei der Leitung der Teams sein, also musst du dich mit demjenigen, den wir einstellen, wohlfühlen."

Und damit verschwand er auch schon wieder ohne ein weiteres Wort.

· · • • · • • • · ·

Als es vierzehn Uhr wurde, machte ich mich auf den Weg in den Konferenzraum, wo der erste Kandidat bereits wartete. Er war ein großer, dünner, extrem blasser Mann mit kurzgeschorenen, schwarzen Haaren und braunen Augen, die wie bei einem Mops hervorlugten. Ich versuchte, ihn nicht anzustarren, aber er blinzelte schnell, wenn er sprach, und machte es mir unmöglich, wegzusehen. Das hat sowohl komisch als auch unheimlich ausgesehen.

Mopsmann hatte noch nie im Verkauf gearbeitet. Er hatte noch nie ein Team geleitet. Er hatte keinerlei Erfahrung mit Personalauswahl und kaum Erfahrung mit der Arbeit in einem Unternehmen. Ich war mir nicht sicher, warum die Personalverantwortlichen ihn überhaupt zum Vorstellungsgespräch eingeladen hatten, denn sein Lebenslauf spiegelte eindeutig den leeren Blick in seinen viel zu großen Augen wider. Ich nahm mir vor, die Auswahlkriterien mit dem Recruitingteam zu besprechen.

Um halb drei erschien die Empfangsdame und verkündete, dass mein nächstes Vorstellungsgespräch anstand.

Nächstes Vorstellungsgespräch? Ich war mir sicher, dass Ted nur ein einziges erwähnt hatte.

Trotzdem bedankte ich mich bei Mopsmann und bat dann die Empfangsdame, ihn hinauszuführen und das nächste Opfer hereinzubringen.

Kandidatin Nummer zwei war eine Frau mit grauen Haaren, die sie zu einem festen Knoten hochgebunden hatte. Sie trug einen schicken, schwarzen Hosenanzug, aus dem vorne ein weißes blusiges Ding herausquoll.

Ich bin mir sicher, dass man das so nennt. Hör auf zu kichern.

Als sie den Konferenzraum betrat, streckte sie eine steife, unbewegliche Hand aus und verzog die Lippen zu einer dünnen, gespannten Linie, die ich für ein Lächeln hielt. Doch ich merkte schnell, dass das kein Lächeln war. Mr. Hilda wusste *nicht*, wie man lächelte. Sie sprach in kurzen, abgehackten Sätzen und mit der Schärfe eines Skalpells. Ich spürte jeden Schnitt – ich meine jedes Wort – ganz tief. Im Gegensatz zu Mopsmann blinzelte sie nie, bewegte ihre Augen nicht und starrte unentwegt in meine. Direkter Augenkontakt war eine großartige Eigenschaft im Berufsleben, aber ihrer war einfach nervtötend. Ich wartete darauf, dass die gruselige Musik losging, damit ich mich auf den Friedhof oder in die Scheune mit den Kettensägen in Sicherheit bringen konnte. War das nicht immer der sicherste Ort, um in einem Gruselfilm zu fliehen?

Um drei Uhr kam meine Rettung in Form des quietschenden Türknaufs. Patty erschien und kündigte an, dass der dritte Kandidat an der Reihe sei. Das war sowohl eine Erleichterung als auch ärgerlich. Ich konnte es kaum erwarten, dass Mr. Hilda ging, aber mit so vielen Vorstellungsgesprächen hatte ich auch nicht gerechnet. Wie lange würde dieser Tag noch dauern? Und wie schlecht würden die Kandidaten noch werden? Ich hoffte, dass dies nicht die Qualität der Mitarbeiter war, die wir unseren Kunden vorsetzten.

Ich bat Patty, den nächsten Kandidaten kurz aufzuhalten, damit ich meinen Kalender überprüfen und eventuelle Kollisionen verschieben konnte. Zum Glück hatte ich nur eine weitere Trainingseinheit mit Dennis, um zu lernen, sein Netzwerk nicht zu zerstören. Er verschob den Termin gerne.

Kandidatin Nummer drei wurde etwa zehn Minuten nach der geplanten Beginnzeit in den Raum geführt. Patty stellte die Frau als Constance Black vor und schloss dann die Tür, als sie ging.

„Constance, es tut mir leid, dass Sie so lange warten mussten. Heute geht hier alles drunter und drüber", entschuldigte ich mich und trat mit ausgestreckter Hand vor.

„Bitte, nennen Sie mich Connie. Sie haben mir Zeit verschafft, Patty auszuquetschen. Die ist ja entzückend."

Connie war sympathisch und professionell, und ich fühlte mich sofort zu ihrem freundlichen Lächeln hingezogen.

„Ich hoffe, sie hat nur gute Dinge gesagt", scherzte ich.

„Oh, das hat sie. Nicht über Sie, aber über die Firma."

„Sie hat also schlechte Dinge über mich gesagt?" Ich hob eine Augenbraue.

Sie grinste: „Ich würde es nicht als *schlechte* Dinge bezeichnen. Sagen wir einfach, dass die Jury den Neuen noch nicht richtig einschätzen kann."

Sie nahm mich auf den Arm, und das in einem Vorstellungsgespräch, das gerade erst begonnen hatte. Ich wusste nicht, ob ich beleidigt oder beeindruckt sein sollte, aber ihr Selbstvertrauen und ihre Offenheit waren erfrischend, und ich konnte nicht anders, als sie zu mögen.

Wir unterhielten uns über eine Stunde lang und tauschten Fragen aus, als wären wir alte Freunde. Connie liebte es, mit Leuten zu arbeiten, sie zu voranzutreiben, herauszufinden, wie sie tickten, und dieses Wissen zu nutzen, um ihnen zum Erfolg zu verhelfen. Sie hatte keine direkte Erfahrung im Recruiting, aber sie hatte schon mehrere Teams in anderen Branchen geleitet. Ich war zuversichtlich, dass sie sich schnell in das Leben eines Recrutingmanagers einarbeiten würde. Als Patty auftauchte, um nach uns zu sehen, waren Connie und ich gerade über den Tisch gebeugt und kicherten wie Schulfreunde über eine Geschichte über einen ehemaligen Mitarbeiter.

Ted ließ mich am nächsten Tag zwei weitere Leute befragen, aber Connie war die klare Siegerin. Sie war scharfsinnig, sprachgewandt, liebenswert und vor allem brachte sie mich zum Lachen. Sie passte perfekt in den Firmenhimmel.

KAPITEL 9

GRÜNSCHNABEL

Am Freitag nach der Arbeit beschloss ich, dass es endlich an der Zeit war, ein neues Fitnessstudio zu finden. Das Muskelbuffet im Schwimmbad hatte mir klargemacht, dass ich noch einiges zu tun hatte. Für die verträumte Schwulenszene von Nashville war ich ganz gut in Form, vielleicht sogar im oberen Drittel der Anwärter, aber im Haifischbecken in Atlanta war ich bloß Durchschnitt.

Ich wandte mich an das literarische Nachschlagewerk, das mich bisher am besten beraten hatte – das *David*-Magazin. Mithilfe von Dwaynes ausgefeilter Logik suchte ich mir das Fitnessstudio mit der größten Anzeige heraus. Nur drei Minuten vom Monroe Place entfernt, eingebettet in einem Wohngebiet in Midtown, lag das *Powerhouse*, das Fitnessstudio der schwulen Stars – oder zumindest der Jungs, die in Midtown wohnten. Es gab noch ein paar andere Möglichkeiten, aber die waren nicht so nah und wurden im *David* nicht so prominent erwähnt.

„Willkommen im *Powerhouse*", brummte eine tiefe, freundliche Stimme, als ich eintrat. Ich blickte auf und sah einen enorm muskulösen Mann hinter dem Tresen stehen. Er trug ein weißes Tanktop mit dem Aufdruck *Powerhouse* in fetten, roten Buchstaben auf der Brust. Er war eindeutig ein Bodybuilder, denn aus jeder Öffnung seines Shirts quollen Muskeln. Ich schwöre, dass sein Hals breiter als sein Kopf war. Nachdem ich meinen Blick von seinen unglaublich breiten Armen losgerissen hatte, las ich sein Namensschild.

„Hi, äh, Greg. Ich bin auf der Suche nach einem Fitnessstudio."

„Super." Er schnappte sich ein Klemmbrett und reichte es mir. „Füll einfach den Gästeausweis aus. Ich führe dich dann herum."

Schon nach wenigen Minuten merkte ich, dass ich noch mehr zu tun hatte, als ich gedacht hatte. Überall, wo ich hinsah, pumpten makellos geformte Männer ihre bereits eindrucksvollen Muskeln bis an ihre Grenzen. Reihenweise lagen Männer auf blauen Schaumstoffpolstern, dehnten ihre Beine und trainierten ihre Bauchmuskeln. In dieser zehnminütigen Tour sah ich mehr Bauchmuskeln, als ich in meinem ganzen bisherigen Leben erblickt hatte.

Ich folgte Greg durch einen Eingang, der sich um eine S-förmige Wand schlängelte und dann in den Umkleideraum führte. Dort wäre ich fast ins Straucheln gekommen. Ein Dutzend nackter Götter stolzierte durch den Raum. Einige trugen Handtücher um die Hüften gebunden, aber die meisten schienen sich über die Gelegenheit zu freuen, die Ergebnisse ihrer, ähm, harten Arbeit zu zeigen. Und einiges an ihrer, ähm, *Arbeit* war ziemlich hart. Als ich mein Gesicht im Spiegel sah, bemerkte ich, dass mein Mund offenstand und meine Augen aufgerissen waren, und schneller hin- und her huschten als ein Eichhörnchen, das eine Straße überquerte. Greg lachte und riss mich aus meiner Benommenheit.

„Die Spinde sind da drüben. Die Duschen auf der rechten Seite. Das Dampfbad und der Whirlpool sind im hinteren Teil. Diese Seite ist nur für Männer, also können der Whirlpool und das Dampfbad auch nackt benutzt werden."

Ich hatte aufgehört zuzuhören, als ein besonders heißer Kerl aus der Dusche kam und den *freiwilligen* Teil dieser Regelung ausgiebig in Anspruch nahm. Mein Kopf folgte ihm, als er vorbeiging, und ich stolperte in Greg, der stehen geblieben war, um mir etwas zu zeigen.

„Oh, Greg, tut mir leid. Ich, äh, bin über ein Handtuch gestolpert."

Er lachte wieder: „Du bist neu in Atlanta, stimmt's?"

Ich nickte verlegen.

„Du kommst schon klar. Man muss sich nur ein bisschen daran gewöhnen. Ich lebe seit über zwanzig Jahren hier und würde nirgendwo anders sein wollen." Dann beäugte er meinen Körper. „Sieht aus, als hättest du bereits trainiert. Deine Brust ist straff und die Arme sind hübsch. Was sind denn deine Fitnessziele? Hast du eine Vorstellung davon, wie du deinen Körper gerne hättest?"

Der Hottie aus der Dusche kam vorbei und nahm über Gregs Schulter hinweg Blickkontakt auf.

„Ich, äh, Ziele, also ... ich, äh ..."

„Lass uns zurück zum Empfang gehen. Dort ist es vielleicht einfacher zu reden." Er gluckste vor sich hin, als wir wieder nach vorne gingen. Ich spürte, wie mir alle Augen folgten. Hätte ich stolz sein sollen? *Mochten* sie den neuen Typen? Ich fühlte mich, als hätte ich mich für eine Mannschaft beworben und wusste nicht einmal, welche Sportart wir überhaupt ausübten.

Greg beendete den Anmeldeprozess und schickte mich mit einem funkelnden neuen Schlüsselanhänger nach Hause, den ich bei jedem Training einscannen musste. Ich weiß, das klingt jetzt albern, aber dieses Plastik an meinem Schlüsselbund hatte etwas, das mir das Gefühl gab, dass ich jetzt wirklich hier lebte. Ich war offiziell ein Atlantaner.

· · · ● · ● · ● · · · ·

Auf dem Rückweg zu meiner Wohnung holte ich mir etwas vom Chinesen, weil ich nicht wusste, was ich an meinem ersten Wochenende alleine anstellen sollte. Nach einem Teller voll Cashewhühnchen und weißem Reis wandte ich mich an meinen treuen *David*, um ihn um Rat zu fragen. *David* und ich waren dabei, gute Freunde zu werden.

Die Bars waren an zwei Stellen aufgelistet. Überall im Magazin waren Anzeigen abgedruckt, die Barkeeper und Barbesucher in verschiedenen Zuständen betrunkener Freude zeigten. Einige Anzeigen zeigten Typen mit Cowboyhüten und Fransenhemden und wiesen so auf eine Bar hin, die besonders auf schwule Countryliebhaber ausgerichtet war. Eine andere zeigte riesige, behaarte Kerle in schwarzem Nietenleder. Ein Mann hielt eine Kette, die an einem Halsband befestigt war, das um den Hals eines anderen Mannes gelegt worden war. Ich war mir nicht ganz sicher, welchem Disneyfilm diese Aufmachung entsprungen war, aber ich wusste, dass es nicht das war, wonach ich suchte.

Noch interessanter als die Themen in den Anzeigen war die Genauigkeit, mit der angepriesen wurde, an welchem Abend man am besten hingehen sollte. Das *Backstreet* und *The Armory*, zwei der größeren Bars, die sich zufällig einen Parkplatz teilten, wiesen auf die Freitage und Samstage hin. Die Lederjungs von *The Heretic* gaben an, dass Mittwochs ihre besonderen Abende waren. Andere, eher themenbezogene Lokale gaben an, montags und donnerstags zu feiern.

Sonntags standen offenbar Tanztees auf dem Programm. Ich hatte absolut keine Ahnung, was ein Tanztee sein sollte. In der Anzeige war sogar ein Teebeutel in einem Schnapsglas abgebildet, an dem ein kleines, weißes Schildchen baumelte. Hatten Schwule eine besondere Vorliebe für Tee? Waren jetzt alle Schwulen Briten? Ich war verblüfft – und mehr als nur ein bisschen fasziniert.

Abgesehen von der seltsamen Anspielung auf den Tee begann der Tanz auch noch um zwei Uhr nachmittags. Vor Mitternacht kam kaum jemand in eine der Bars, aber diese große wöchentliche Veranstaltung begann mitten am Tag. Die ganze Sache schien merkwürdig.

An Dienstagen schien eindeutig nichts in Bars los zu sein. Ich nahm an, dass selbst Schwule sich auch mal von der ganzen Fröhlichkeit ausruhen mussten.

Nachdem ich meine Nachforschungen abgeschlossen hatte, schloss ich die Verpackung mit dem Rest meines chinesischen Essens und beschloss, die Bar des Tages – oder des Abends, wie es an einem Freitag der Fall war – zu besuchen. Es war erst neun Uhr, viel zu früh, um auszugehen, also schaltete ich den Fernseher ein und schaute Wiederholungen von *Star Trek*, bis die Geisterstunde nahte. So aufgeregt ich auch war, mich auf den Weg zu machen, zwang ich mich, bis halb eins zu warten, um mich fertig zu machen.

Man darf ja nicht zu übereifrig erscheinen, nicht wahr?

Ich zwängte mich in meine Jeans, warf mir ein fast sauberes weißes T-Shirt über und machte mich auf den Weg. Das *Backstreet* rief wieder nach mir, und ich spürte ein flaues Gefühl im Magen, als ich auf die Anzeige der Adresse schaute. Wenn der Prozentsatz von Hollywood-Hotties nach dem, was ich bisher in der Stadt gesehen hatte, stimmte, würde das hier ein wahrer Augenschmaus sein, aber ich machte mir auch Sorgen, dass ich mich überfordert fühlen könnte. Wie sollte ein von Wölfen aufgezogenes Predigerkind aus der Kleinstadt Nashville in dieses Meer der Großstadt-Hotness passen?

· · · · ● · ● ● · · ·

Fünf Minuten später fuhr ich auf dem großen Parkplatz ein. Das lange, gedrungene Gebäude des *Armory* befand sich an einem Ende, während das mehrstöckige Monstrum des *Backstreet* die Seite einnahm, die senkrecht zum *Armory* verlief. Mürrische Sicherheitsleute versuchten, den Strom der Autos zu lenken, konnten aber nicht verhindern, dass sie sich hinter dem Eingang stauten. Das Parken dauerte doppelt so lange wie die Fahrt von meiner Wohnung hierher.

Männer in Zweier- und Dreiergruppen, meist in Jeans und T-Shirts oder Tanktops, lachten und quiekten sich ihren Weg in die Bars. Als ich an einer Gruppe vorbeiging, löste sich ein junger Mann mit wilden blonden Haaren im beliebten Finger-in-der-Steckdose-Style von seinem Rudel und kniff mich in den Hintern. Ich wäre fast aus meiner Jeans gesprungen, und mein verblüffter Gesichtsausdruck, als ich mich umdrehte, brachte die ganze Gruppe des Blondschopfs zum Lachen. Ich starrte fassungslos zu, als sie in Richtung der Türen des *Backstreet* hüpften.

Das *Connection* in Nashville war schon riesig. Die große Tanzfläche fasste fünfhundert Leute, und in jeder der kleineren Bars gab es viele hundert mehr. Die ersten Male, die ich dort gewesen war, war es sowohl aufregend als auch schwindelerregend gewesen. So viele schwule Männer auf einem Fleck zu sehen, war für mich völlig ungewohnt gewesen. Im *Backstreet* gab es zwar Hunderte von Männern, wahrscheinlich mehr als tausend, aber die Stimmung war ganz anders. Es gab alles, was das Herz begehrte: Bars an jeder Ecke mit halbnackten, heißen Barkeepern, Boxen, auf denen spärlich bekleidete Männer tanzten, und mehrere Ebenen, auf denen Herumlungerer und Herumschleicher tun konnten, was immer sie im Dunkeln so trieben. Das allgemeine

Alter war um die zwanzig, ähnlich wie in der Barszene von Nashville.

Aber es gab auch deutliche Unterschiede.

Die Jungs aus Atlanta enttäuschten nicht. Das einschüchternde Verhältnis von Hollywood-Hot zu Normal-Hot lag außerhalb der Norm. Ich hatte noch nie so viele Muskeln und perlweiße Zähne unter einem Dach gesehen. In Nashville hatte ich in meiner sicheren, dunklen Ecke stehen und diejenigen heraussuchen können, die einen Schönheitspreis verdient hatten. Wie bei einer Hundeschau, bei der Hunderte von Tieren antreten, und nur ein paar wenige eine Auszeichnung erhalten. Das *Backstreet* folgte anderen Bewertungskriterien. Unglaublich viele heiße Typen umringten mich, drängelten und schubsten, tanzten und schunkelten. Jedes Mal, wenn ich dachte, ich hätte den gepriesenen Besten der Ausstellung gefunden, spazierte ein anderes atemberaubendes Exemplar vom Cover eines Magazins in die Bar. Es war berauschend.

Ein weiterer Unterschied war etwas, das ich den IKEA-Effekt nennen möchte. Es war ungeheuer leicht, sich beim Stöbern im Sog zu verlieren. Im *Connection* hatte es offensichtlich breite Gänge gegeben, die von einem Bereich zum nächsten geführt hatten. Im *Backstreet* gab es eine derartige Struktur nicht. Die Leute drängten und drängelten sich in alle Richtungen. Sogar am Eingang herrschte das Gefühl, gegen den Strom zu kämpfen.

Das *Backstreet* war auch dunkler als das *Connection*. Klar, wenn die Stroboskope aufflammten und die Tanzfläche rockte, hatten beide Bars eine schummrige Beleuchtung, aber im *Backstreet* fehlte die hoch aufragende Decke des *Connection*, wodurch sich das Lokal geschlossener und irgendwie heimeliger anfühlte.

Es dauerte eine Stunde, bis ich den letzten und wichtigsten Unterschied erkannte: Die Jungs in Nashville nahmen Blickkontakt auf und waren generell freundlich. Die neueren, heißeren Models schienen auf einer Mission zu sein – oder das Objekt einer anderen Mission zu sein, ich war mir nicht sicher. Sie nahmen nur selten Blickkontakt auf, und wenn doch, dann folgte oft ein finsterer Blick. Wollten hübsche Leute nicht angestarrt werden? Offenbar galten in Atlanta andere Regeln. Das Schwulenhandbuch hatte mich nicht richtig vorbereitet.

Ich glotzte trotzdem. Die konnten mich mal.

Nicht wörtlich.

Na ja, vielleicht ...

Mitten in der Nacht stand ich in der Schlange vor der Toilette, als sich ein Typ direkt neben mir anstellte. Er wippte ein bisschen schneller als der Takt der Musik und zuckte mehr, als dass er tanzte. Seine Augen waren riesengroß. Ich machte einen Schritt nach vorne, als jemand aus der Toilette trat.

„Hey.“ Zuckis Stimme war genauso zuckend wie seine Tanzschritte.

„Äh, hey.“

„Hast du Lust, dir was einzupfeifen?“

Ich legte den Kopf schief und hielt meinen Plastikbecher hoch, der halbvoll mit braunem Sprudel war. „Nein danke, ich bin versorgt.“

Er hörte auf zu zucken und warf den Kopf zur Seite, wie ein Hund, nachdem man ihm eine Frage gestellt hat, als ob er nicht verstanden hätte, was ich gesagt hatte.

Ich klapperte mit dem Eis in meinem Becher. „Cola. Mein Glas ist noch halb voll – aber danke.“

Er verstand und fing an zu lachen. Ich weiß immer noch nicht, was ich da gesagt habe, das so lustig war. Dann warf er mir noch einen letzten Blick zu, schüttelte anklagend den Zeigefinger und verschwand dann in der Menge.

Die Typen aus Atlanta waren echt seltsam.

KAPITEL 10

NEUGIERIGER GEORGE

Im Laufe der Wochen fand ich zu einem angenehmen Arbeitsalltag. Think! öffnete die Türen nicht vor halb neun, also war der Morgenmuffel in mir höchst zufrieden. Connie bekam den Job als Recruiting Manager und wurde schnell meine neue beste Freundin. Wir arbeiteten bei Projekten gut zusammen, während jeder von uns sich in seine neue Position einarbeitete. Es machte Spaß, alles gemeinsam herauszufinden. Abgesehen davon, dass wir dieselbe Herangehensweise bei der Arbeit mit Teams hatten, hatte Connie ein ansteckendes Lachen – und sie lachte ständig. Es verging kaum ein Tag, an dem wir nicht wie Kinder über irgendeinen Blödsinn kicherten.

Nach der Arbeit fuhr ich direkt zum Lebensmittelladen, um mir meinen Snack vor dem Training zu kaufen: einen Fujiapfel. Als ich mein einsames Obst zum ersten Mal auf das Fließband gelegt hatte, war der Blick der Kassiererin von dem Apfel zu mir und dann wieder zu dem Apfel gewandert.

„Bloß ein Apfel?", hatte sie gefragt und ihre Stimme schwankte zwischen Neugier und Belustigung.

Ich hatte genickt und einen Blick auf ihr Namensschild geworfen. „Ja, Anne. Nur der Apfel."

Bei meinem dritten Besuch hatte sich Anne an meine seltsamen Einkäufe gewöhnt und mich bereits mit Namen begrüßt.

Mein Training begann mit einer Viertelstunde Ausdauer, um mich einzustimmen, und wechselte dann zwischen Brust und Bizeps, Rücken und Trizeps und dem gefürchteten Beintraining. Nach jeder Hebeeinheit machte ich zwanzig Minuten Bauchmuskeltraining und dann noch eine halbe Stunde Ausdauertraining auf dem Ellipsentrainer. Das Training dauerte ungefähr zwei Stunden. Sobald es beendet war, war ich körperlich und geistig erschöpft und hungrig genug, um alle Äpfel zu essen, die Anne im Lage versteckt haben mochte.

Kochen war noch nie meine Stärke gewesen. *Moe's*, der chinesische Imbiss in der Nähe, und ein Restaurant mit Westernatmosphäre namens *Cowtippers* waren für gewöhnlich die besten Anlaufstellen für mich nach dem Training. Abgesehen von dem lustigen Namen mochte ich vor allem die hölzerne Terrasse von *Cowtippers* mit Dutzenden von Tischen im Freien, von denen aus der Verkehr – sowohl Autofahrer als auch Fußgänger – gut zu verfolgen war. Welches Essen passte nicht zu einem Augenschmaus wie diesem?

Während ich meine mit braunem Zucker und Zimt überzogene Süßkartoffel aß, beschloss ich, herauszufinden, was Atlanta über die Barszene hinaus zu bieten hatte. Wieder einmal erwies sich *David* als hilfreich und bot mir Seiten mit Aktivitäten verschiedener örtlicher Schwulengruppen an. Ich dachte, wir hätten großes Glück gehabt, weil es in Nashville eine ganz brauchbare Softballliga und einen Volleyballabend gegeben hatte, aber als ich Seite für Seite durchblätterte, war ich von der Vielfalt des Angebots in Atlanta beeindruckt. Es gab Gruppen für *alles*.

Gott segne die Jungs und Mädels von den Atlanta Gay Quilters und der Atlanta Regenbogen-Schachgesellschaft. Jeder braucht ein Zuhause, sogar Nerds mit Nadel.

Ich kreiste die Kontaktinformationen für die Softball- und Volleyballligen ein – es gab eine *eigene* Volleyballliga, nicht nur einen Abend für alle. Nach meinem atemberaubenden Erlebnis mit spärlich Bekleideten am ersten Tag im Schwimmbad hatte ich nicht gedacht, dass meine Liebe zu Atlanta noch stärker werden könnte. Aber als ich auf die Seiten der buntesten Organisationen in Atlanta starrte, wurde mir klar, wie toll meine neue Heimat wirklich war.

· · · ● · ● ● · · ·

Der Rhythmus der Barszene wurde Teil meines Alltags. Unter der Woche ging ich nicht viel aus, vor allem, weil es Zeitverschwendung war, vor Mitternacht in eine Bar zu gehen, und ich meinen Schönheitsschlaf unter der Woche brauchte. Aber ich freute mich auf die Freitag- und Samstagabende und auf den Unfug, den diese mit sich bringen würden. An meinem fünften Wochenende in der Stadt beschloss ich, einmal abenteuerlustig zu sein und eine der Bars mit dunklerem Thema zu besuchen: *The Heretic*. Schon der Name ließ mich vor Aufregung erbeben.

Mein kleines Teufelchen erschien in seinem engsten Leder und grinste breit über sein Miniaturgesicht. „Kumpel, das wurde aber auch Zeit. Du wirst die dunkle Seite lieben“, erklärte er mit einer Freude, von der ich gar nicht wusste, dass Teufel sie besitzen können.

„Ich schaue nur kurz vorbei, um herauszufinden, wie es ist, und dann mache ich mich auf den Weg in die Sicherheit des *Blake's*.“

Der Teufel stieß tatsächlich ein heiseres Lachen aus und ich schwöre, ich spürte Spucke an meinem Hals. „Du bist doch kein Vorzeige-Model-Schwuler. Du bist ein *Pack ihn an den Eiern und stell schlimme Sachen mit ihm an*-Schwuler oder ein *Binde mich mit deiner Seide an den Bettpfosten*."

„Hey!", widersprach ich.

„Im *Blake's* kannst du heiße Typen sehen, die hin und her laufen oder ... sich wie ein Mauerblümchen im letzten Eck verkriechen."

Mann, war der herrisch, aber er hatte nicht ganz Unrecht. Das *Blake's* war voll von hübschen Jungs, die nicht viel mehr taten, als herumzustehen. Andererseits ließ der Gedanke, Neuland zu erkunden, meinen Puls rasen und Klein-Michael kribbeln. Vielleicht würde ich für eine halbe Stunde im *The Heretic* bleiben. Die Bar hatte doch auch eine faire Chance verdient, oder?

„Darauf kannst du deinen Arschgummi verwetten!" Der Teufel klatschte in die Hände und eine dunkle Rauchwolke wehte an meinem Ohr vorbei. „Und nächste Woche probieren wir *The Eagle* oder das *Bulldogs* aus!"

The Eagle? Bulldogs? Ich konnte mich nicht daran erinnern, eine dieser Touristenattraktionen in meinem treuen *David* gesehen zu haben. Ich musste noch einmal nachforschen, bevor ich mich auf dieses Abenteuer einließ, denn irgendetwas in seiner Stimme ließ mich daran zweifeln, dass es sich dabei um Sonntagsschulen handelte.

· · · · · **·** · **·** · · ·

Endlich war es Mitternacht und ich zog mir eine sexy Jeans an. Die Zeit war gekommen für meine Jungfernfahrt in die Bar *The Heretic*.

Meine Nerven lagen mal wieder blank, also hing ich auf dem Parkplatz herum und beobachtete die Jungs, die zum Eingang gingen, um ein Gefühl für den Ort zu bekommen. Das Publikum hier war ganz anders als das, das ich im *Ar-*

mory und im *Backstreet* gesehen hatte. Eine ganze Reihe der Jungs waren riesig – und ich meine nicht nur großgewachsen. Wenn die Auswahlmöglichkeiten von klein bis groß, dünn bis mollig und muskulös bis athletisch reichten, war das Publikum von *The Heretic* eher schwer und behaart. Das Durchschnittsalter lag auch höher, irgendwo Mitte Dreißig, im Gegensatz zu den Zwanzigjährigen, die die anderen Bars vorherrschten.

Sogar die Geräusche, die von den Gruppen von Männern kamen, waren anders. Während viele der Gruppen im *Backstreet* kichernd das Gebäude betraten, hallten hier tiefe, dröhnende Bässe über den gepflasterten Parkplatz.

Im *Backstreet* herrschte eine junge, sexy, heiße Stimmung. *The Heretic* wirkte *männlich*.

Während die Jungs im *Backstreet* darum bettelten, angebetet zu werden, sahen die Männer im *The Heretic* so aus, als würden sie einen am liebsten an die Wand drücken und einen zu ihrem …

Wie auch immer.

The Heretic hatte auch eine Vorliebe für Leder. Schwarz, braun, blau – ja, es gab Männer in blau gefärbtem Leder – das schien niemanden zu stören. Viele der muskulöseren Kerle trugen Lederjacken ohne Shirt, die einen leckeren Vorgeschmack auf das gaben, was darunter lag, ohne ihre Köstlichkeit vollständig zu offenbaren. Andere entschieden sich für Geschirre, die ich neulich im Park an Hunden gesehen hatte. Einige hatten sogar ein Halsband mit einem Anhänger. Ich musste immer wieder an den Zoo in Nashville denken, den ich mit Donny besucht hatte, aber das hier war ein ganz anderer Zoo. Statt Großkatzen und Elefanten sah ich eine Parade von Bären, Ottern und anderen Tieren, die ich noch nicht kannte, vorbeischlendern.

Ein kräftiger Kerl in Lederhosen – und ohne Hosen darunter – schritt vorbei und trug eine silberne Leine, die an einem mit Nieten besetzten Halsband befestigt war, das einem jungen, dünnen Kerl um den Hals gelegt worden war, der verlegen hinterherschlurfte. Ich war mir nicht sicher, ob der Junge wirklich hier sein wollte, bis er plötzlich munter wurde, zwei Schritte vorwärts hüpfte und seinem Meister über das Ohr leckte.

Ich konnte nicht aufhören, ihn anzustarren. Das hatte mein Hund auch immer bei mir gemacht.

Wir waren eindeutig nicht mehr in Nashville.

Eine gute Viertelstunde verging, bevor ich und aus dem Auto stieg. Bis dahin hatte ich das riesige runde Schild an der Wand neben der Tür nicht bemerkt. Es war schwarz, mit dem Namen des Clubs am äußeren Rand in weißer Farbe umrandet. Das Bild eines Raubvogels mit Ohren und einer langen Zunge starrte mich aus der Mitte des Schildes an.

Jetzt war ich wirklich nervös.

„Nur du, Süßer?"

Mein Kopf ruckte nach vorne. Ein weißhaariger, spindeldürrer Mann hinter einem Hochtisch blinzelte und lächelte.

„Äh, ja. Nur ich."

„Fünf Dollar", erwiderte er und streckte die Hand aus. Eintritt. Das war neu.

Der Typ griff mit seiner ausgestreckten Hand nach meinem Arm und beugte sich über den Tisch. „Du warst noch nie hier, stimmt's?"

Ich schüttelte den Kopf.

Er gluckste: „Geh ruhig rein. Der heutige Abend geht auf mich. Bleib nur nicht stehen, wenn du nach hinten gehst. Die fressen ein hübsches kleines Ding wie dich bei lebendigem Leib."

Ich nickte aufgeregt und eilte vorbei, erstarrte aber an einer von Männern gesäumten Wand, die mich zwang, nach links oder rechts zu gehen. Die Männer grinsten, als mein Kopf unruhig hin und her schwankte. Schließlich hatte einer von ihnen Mitleid mit dem verängstigten, kleinen Hasen und meinte: „Links ist Leder und Militär, rechts ist Sport."

Ich wich schneller nach rechts aus, als sie lachen konnten.

Die Sportbar war so groß wie eine Zweizimmerwohnung. Das einzige Anzeichen für Sport war ein einsamer Fernseher, der auf ESPN eingestellt war. Ich lachte über die Abwegigkeit eines professionellen Bowlingspiels in einer schäbigen Schwulenbar an einem Freitagabend

Und plötzlich beruhigten sich meine Nerven.

Ich atmete tief durch und schaute mich um. Hier war so wenig Platz, dass man sich auf Schritt und Tritt aneinanderrieb. Jedes Mal, wenn ich jemanden anrempelte, entschuldigte ich mich höflich, bis sich ein Typ umdrehte, mir mit beiden Händen über die Brust fuhr und erklärte: „Ist entschuldigt. Aber jetzt mach das nochmal."

Mir blieb der Mund offenstehen. Da trat ein Freund meiner neuen Bekanntschaft um ihn herum und grinste. Bevor ich wusste, wie mir geschah, rieb seine fleischige Handfläche an meiner Jeans auf und ab und machte hungrig Jagd auf Klein-Michael. Erschrocken sprang ich zurück und löste damit fast einen Dominoeffekt bei den Kerlen aus. Der Typ hinter mir schlang beide Hände um mich, packte meine Bauchmuskeln und zog mich zu sich heran. In der Zwischenzeit beschloss der andere Kerl, dass eine Massage angesagt war. Und schlussendlich tauchte der erste Typ wieder auf und drückte meinen Hintern.

Drei Männer, die ich nicht kannte, rieben und drückten mich mitten in einer Bar, und ich konnte es nicht verhindern – wollte es nicht verhindern – und dann trat ein Barkeeper mit einer Kiste Bier zwischen uns und befreite mich aus ihrem Griff.

„Vorsicht, ich muss hier durch. Alle aus dem Weg." Er drehte sich zu mir um, als sich das Meer teilte. „Alles in Ordnung mit dir?"

Ich versuchte, gelassen zu bleiben. „Mir ... äh ... mir geht's gut. Ja, wirklich. Wirklich. Mir geht es großartig."

Sein Lächeln war schmal. „Ich bin Jase. Frag nach mir, wenn du irgendwelche Probleme hast, verstanden?" Dann ging er zur Theke und hievte seine Kiste Bier durch die Schwingtür.

Als ich mich umdrehte, waren meine neuen Bekannten bereits verschwunden. Ich quetschte mich zurück zum Eingang und lief zur Tür hinaus, ohne mich umzudrehen. Dann stieg ich in mein Auto, genoss die Bequemlichkeit und die Sicherheit der abgenutzten Sitze und kam wieder zu Atem. Ich war mir nicht sicher, warum ich so viel Angst gehabt hatte. Jungs hatten mir schon mal an den Hintern gefasst und ich hatte vor Dwayne sogar damit geprahlt. Die Männer in *The Heretic* hatten mir zwar nicht gerade die Jeans vom Leib gerissen, aber ihre Berührung hatte sich eher wie eine Übergriff angefühlt. Aber ich verstand nicht, warum.

Das Seltsamste an der ganzen Sache war die Reaktion der Jungs um uns herum. Außer meinem Retter Jase schien keiner der anderen auch nur im Geringsten beunruhigt zu sein. Ich konnte in diesem Augenblick nicht klar denken, aber ich erinnerte mich an mehrere Männer, die mich angestarrt und gegrinst hatten, als meine Sexualität zur Schau gestellt worden war – und das war in der *Sportbar* gewesen. Der Türsteher hatte mich vor einem der hinteren Gänge gewarnt, nicht vor den Bars. Wie viel unzüchtiger würde es wohl dort zugehen?

Puff. Der Teufel war wieder da, jetzt in einer abgetragenen, schwarzen Bikerjacke und verblichenen, zerrissenen Jeans.

„Kumpel, du bist so ein *Weichei*. Der einzige Weg, das herauszufinden, ist, da reinzugehen und es selbst mitanzusehen – oder zu fühlen, wenn dir danach ist."

Sein Glucksen gefiel mir nicht, also schnippte ich ihn von meiner Schulter, wie einen verirrten Käfer. Er verschwand in einer weiteren, schwarzen Dampfwolke, als sein lederbekleideter Körper gegen das Autofenster knallte.

„Selber schuld“, war das Letzte, das ich hörte, bevor ich mein Auto startete und nach Hause fuhr.

KAPITEL 11

VIRTUELLE WIEDERVEREINIGUNG

Meine Träume waren voll von Bildern von Männern in Leder, Männern, die Leder auszogen, Männern, die Leder über ihren Köpfen schwangen, Männern, die mir Leder anzogen, und so weiter. Ich wälzte mich im Schlaf hin und her, während Hände aus allen Richtungen nach mir griffen. Fingernägel streiften mein nacktes Fleisch. Starke Finger packten mich, rieben meinen Rücken, meine Beine und meinen Hintern, streichelten mich -

Als ich aufwachte, war ich schweißgebadet. Der Schrecken war der Neugierde und einem Herzklopfen gewichen, das ich nicht zuordnen konnte, aber es fühlte sich genauso an wie der Nervenkitzel, an den ich mich von meiner Nacht mit Fly Boy und seinen Seidenkrawatten vor ein paar Jahren erinnerte.

Angst vermischte sich mit Lust, die in Vergnügen verpackt war.

Ja, das brachte es auf den Punkt.

Ich war noch nie ein Fan von kalten Duschen gewesen, aber an diesem Morgen schien mir eine solche sehr angebracht. Nachdem der Kälteschock abgeklungen war, fühlte es sich gut an, The Heretic abzuwaschen und mein Gehirn wieder halbwegs auf Vordermann zu bringen. Der Teufel tauchte nicht wieder auf, aber ich glaubte, ein leises Lachen aus der Engelsseite meines Gehirns zu hören.

Toll, jetzt waren sie *beide* belustigt.

Nach einem schnellen Frühstück mit getoasteten Blaubeerbagels und Erdbeerfrischkäse füllte ich meine Tasse mit Kaffee auf und ging zurück ins Schlafzimmer, um meine E-Mails zu checken und ein wenig Zeit im AOL-Chat zu verbringen. Ein paar neue nigerianische Prinzen boten mir große Geldsummen an. Sie waren wirklich nette Leute, aber ich fühlte mich schuldig, ihr Geld umsonst anzunehmen, also antwortete ich ihnen und schlug vor, es für wohltätige Zwecke zu spenden.

Nachdem ich meine E-Mails abgeschlossen hatte, erinnerte ich mich daran, dass ich mir die Eagle and Bulldogs online ansehen wollte. Der Teufel schien entschlossen zu sein, mir jede Facette von Atlanta zu zeigen. Seine Vorschläge waren meistens lustig, aber sie hatten auch ihre Tücken.

Während ich darauf wartete, dass die quälend langsame Website der Eagle aufgerufen wurde, blinkte etwas in der Ecke des Bildschirms auf: Einer meiner Freunde war online.

RAL2027.

Aha. Der Name kam mir irgendwie bekannt vor, aber es war Monate her, seit wir das letzte Mal gechattet hatten – und in der AOL-Zeit waren das Jahrzehnte. Ich hatte hunderte von Profilen ausgedruckt, seit ich kurz mit dem Typen gechattet hatte, und mein Online-Gedächtnis war mies.

RAL2027: HEY, ICH HABE DICH LANGE NICHT GESEHEN.

Ich war ein wenig überrascht, als er mich anschrieb. Ich blätterte schnell in meinem überfüllten Notizbuch mit den

Profilen, um meine Notizen zu diesem mysteriösen Kandidaten zu checken.

Sein Profil enthielt nur die Standarddaten: *SWM, 31, 1,80 m, 170, 31w, 16a, 8c.*

Unter die gedruckte Zeile hatte ich geschrieben: „Ryan. Scheint nett zu sein. Kein Foto."

Es sah nicht so aus, als hätten wir uns großartig unterhalten – zumindest nicht so, dass es sich gelohnt hätte, fleißig Notizen zu machen – aber es war Samstagmorgen, mir war langweilig und er war der einzige Typ, mit dem ich in diesem Moment Kontakt hatte.

ICH: HEY! SCHÖN, DICH ZU SEHEN. RYAN, RICHTIG?

RAL2027: WOW. GUTES GEDÄCHTNIS.

Ich grinste den Bildschirm an.

ICH: ICH HABE EIN ZIEMLICH GUTES NAMENSGEDÄCHTNIS, BESONDERS ONLINE.

Das stimmte absolut nicht.

RAL2027: DAS MERKE ICH. UND ... WAS TREIBST DU ZURZEIT SO?

ICH: NUN, ICH BIN NACH ATLANTA GEZOGEN. ICH HABE EINE NEUE WOHNUNG UND EINEN NEUEN JOB. JETZT VERSUCHE ICH, MICH HIER ZURECHTZUFINDEN UND ES ZU MEINEM ZUHAUSE ZU MACHEN. UND WAS IST MIT DIR?

RAL2027: ATLANTA? WIRKLICH? ICH LEBE IN ATLANTA.

Hm. Ich schätzte, ich hatte nicht daran gedacht, das zu fragen, als wir uns das erste Mal unterhalten hatten. Ich hatte einfach angenommen, dass er in Nashville wohnte.

ICH: WIRKLICH? WIE COOL! WIR SIND JETZT NACHBARN.

RAL2027: WO IN DER STADT WOHNST DU?

ICH: MIDTOWN. GENAU IN DER MITTE DER SCHWULEN SEIFEN-BLASE.

**RAL2027: LOL, SCHWULE SEIFEN-
BLASE IST RICHTIG. ICH WOHNE
OBEN IN NORCROSS, AUSSERHALB
DER GÜRTELLINIE. FÜR DIE MEIS-
TEN JUNGS IST DAS EIN ANDERES
LAND.**

Es gab eine kurze Pause, in der ich den Cursor blinken sah und versuchte, mir etwas anderes Witziges einfallen zu lassen. Wir hatten uns ganze drei Minuten unterhalten, ohne sexuelle Anspielungen oder Anfragen nach Fotos. Irgendetwas war anders an diesem Typen.

**RAL2027: HEY. TUT MIR LEID, DASS
ICH MICH SO SCHNELL AUS DEM
STAUB MACHEN MUSS, ABER ICH
MUSS LOS. REDEN WIR SPÄTER?**

ICH: SICHER.

Sein Name verschwand aus meiner Freundesliste. Er schien ganz nett zu sein, aber er erregte nicht genug meine Aufmerksamkeit, um das Chatfieber zu unterdrücken, das von mir Besitz ergriff. Für einen kurzen Moment fragte ich mich, ob mein Chatten aus Einsamkeit, Geilheit oder Neugierde auf die Männer in meiner neuen Community entstanden war. Da ich nicht in der Stimmung für eine tiefgründige philosophische Debatte war, schob ich es auf alle drei Gründe und machte mich wieder an die Arbeit (sozusagen).

Ich verbrachte weitere dreißig Minuten damit, durch die Chaträume zu scrollen, Profile anzuschauen und mich den Jungs aus Atlanta vorzustellen. Es gab mehr

ATLM4M-Räume, als ich für möglich gehalten hätte. Wenn es in der Stadt einunddreißig Sorten von Bars gab, dann gab es online Hunderte von verschiedenen Geschmacksrichtungen. Ich wusste nicht, was die Hälfte der Akronyme bedeutete, aber die Jungs in den Chatrooms kannten ihre Bedeutung auf einem intimen Level und scheuten sich auch nicht, das mitzuteilen. Heiliger Strohsack, diese Jungs waren fortschrittlich – und einige von ihnen hatten Interessen, die sogar über das hinausgingen, was mein kleines Teufelchen vorgeschlagen hätte. Ein Typ schickte mir ein Bild, auf dem er unter einem Glastisch lag und zusah, wie ein anderer Typ seine Kacke auf das Glas plumpsen ließ. Ich klickte so schnell wie möglich auf LOG OFF und wich von meiner Tastatur zurück, als würde sie mich gleich beißen – oder auf mich kacken.

Es war mir eigentlich egal, dass Mr. Poop-N-Peek sich an etwas erfreute, das ich abstoßend fand, aber igitt. Kacke gucken? Echt jetzt?

Ich lernte jedoch auch einige nützliche Informationen. Neben AOL boten jetzt auch ein paar neuere Websites ähnliche Dating-Dienste wie Match.com an, allerdings für Schwule. Zwei davon tauchten immer wieder in Gesprächen auf, meist in Form von „Wie heißt du bei Manhunt oder Adam4Adam?“ Nach den ersten ein oder zwei Malen bemerkte ich ein Muster. Die Jungs, die nach Manhunt fragten, waren definitiv auf der Jagd, und zwar nicht nach Fasanen oder Elchen. Sie wollten den allmächtigen Widder, und zwar sofort. Diejenigen, die nach A4A, wie sie es abkürzten, fragten, hörten sich eher wie traditionelle Dater an, die jemanden kennenlernen wollten. Ich behaupte nicht, dass die Manhunt-Jungs nicht nett waren oder letztlich hofften, jemanden zum Reden zu treffen, aber seien wir mal ehrlich, sie waren auf einer Seite, auf der das Wort „Jagd“ vorkam. Wir tauschten keine Rezepte aus oder luden uns gegenseitig zum Kirchentag ein.

Neugierig geworden, öffnete ich meinen Browser und rief die erste Seite auf, die mein Echsenhirn verarbeiten konnte: Manhunt.

Heiliger Bimbam.

Halbnackte Männer tauchten auf. Und mit halbnackt meine ich völlig nackt, wobei die unanständigen Teile unkenntlich gemacht wurden – und diese unanständigen Teilen steckten in den unanständigen Teile-Haltern anderer Kerle. Teile Greifer? Teile Hintern?

Ärsche. Sie steckten ihre Schwänze in Ärsche, okay?

Das PK in mir war schockiert. Der zwanzigirgendwasjährige, ernsthaft unterdrückte Kerl in mir war begeistert.

Auf der Seite musste ich mich registrieren, bevor ich weitermachen konnte, also legte ich einen Benutzernamen an, von dem ich dachte, dass er meine Interessen beschrieb. Das war doch eine Dating-Website, oder?

ATLSportsGuy. Ich mochte Sport und ich lebte in Atlanta. Das schien offensichtlich zu sein.

Für einige der Jungs auf Manhunt war das jedoch nicht klar, denn sie standen auf Dinge, die ich noch nicht kannte.

Hast du schon mal von einem Natursekt gehört? Ich noch nicht. Der zweite Typ, der mir eine Nachricht schrieb, fragte, ob wir das zusammen machen könnten. Er wollte es mir auf der ganzen Brust machen. Er beschrieb sehr detailliert, wie er es abschlecken wollte und-

Er wollte mich anpinkeln. Echt jetzt?

Da ich nicht einfach weggehen konnte, fragte ich ihn, warum er dachte, dass ich an seinem Angebot interessiert sein könnte. Er deutete auf meinen Benutzernamen und dachte, das sei die Abkürzung für Wassersport und eine weitere Anspielung auf Jungs, die sich gerne gegenseitig anpinkelten. Als ich ihm sagte, dass ich Softball und Volleyball meinte, antwortete er mit dem beliebten ROFL und nannte mich einen Neuling.

Ich war ja auch ein Neuling – da konnte ich ihm nicht böse sein.

Ich bedankte mich bei ihm für sein Interesse und machte weiter.

Als ich durch die Jungs scrollte, war ich wieder einmal erstaunt, wie vielfältig und heiß die Männer in Atlanta waren. Schwarze, Weiße, Braune – und jede Farbe dazwischen – und so viele von ihnen waren durchtrainiert und sexy. Was auch immer ich wollte, ich konnte es mir nehmen, und Manhunt machte es mir leicht. Es war, als hätte man alle NOW-Chatrooms von AOL auf einer Seite gebündelt und mit einem einfach zu bedienenden Filter versehen, damit man so effizient wie möglich auf die Suche gehen konnte.

Ich musste bei der Vorstellung von effizientem Sex glucksen. Gab es so etwas überhaupt? Ich vermute, dass es das jetzt gab.

Die neue Erfahrung und die Bilder der Jungs, von denen einige absolut nichts der Fantasie überließen, erregten mich. Klein-Michael bäumte sich auf und wurde durch die seidigen Shorts, die ich ohne Unterwäsche trug, noch mehr gekitzelt. Die Manhunt-Typen warben mit ihren besten Eigenschaften, und verdammt, einige von ihnen hatten erstaunliche, erigierte, perfekt gebogene Eigenschaften. Unbeschnittene Qualitäten. Qualitäten mit dem kleinsten Funken von seidigem Weiß.

Scheiße. Ich musste aufhören.

Ich brauchte dringend eine kalte Dusche und beschloss, mir Adam4Adam anzusehen. Wie versprochen, war es fast ein Spiegel von Match.com, mit Bildern von meist bekleideten Männern. Einige hielten Hunde oder Katzen, andere trugen Anzüge (was mir auf einer Dating-Website etwas seltsam vorkam). Die Profile enthielten Hobbys und Interessen, Orte, die sie besucht hatten, und sogar detaillierte Beschreibungen ihrer idealen Gefährten. Nach der testosterongeschwängerten Hitze von Manhunt war das erfrischend.

Versteh mich jetzt nicht falsch, ich mochte die sexy, knallharte Atmosphäre von Manhunt. Mein Herz raste immer noch von meinem Kurzbesuch auf der Seite, aber ich wusste, dass ich auf lange Sicht mehr als nur eine schnelle Nummer wollte. Was ich mit Carter gehabt hatte, so kurz unsere Zeit auch gewesen war, zeigte mir das deutlich. Sich im Heu zu wälzen – oder, in meinem Fall, die Hände über dem Kopf gefesselt zu haben, während mich ein verdammt heißer Flugbegleiter ins letzte Jahrzehnt gebumst hatte – war ein wahnsinnig heißer Spaß, aber das war nur das Sahnehäubchen auf dem Kuchen. Es war nicht der Kuchen. Der Zuckerguss sah zwar toll aus und schmeckte auch toll, aber er machte dick, war ungesund und hatte keinen bleibenden Nährwert.

Jeden Abend gemeinsam Hüttenkäse mit Obst aus der Dose zu essen, hatte einen substanziellen Wert. Die Jungs in den Arm zu nehmen, ihre kleinen Stirnen zu küssen, während sie meine Hand festhielten, das hatte einen wahren Wert. Schulter an Schulter den Abwasch zu machen oder in einem Frühstückscafé zu sitzen, ohne zu sprechen – einfach zusammen zu sein – das waren die Momente, die ein gemeinsames Leben schön machten.

Es gab keine Möglichkeit, den Kuchen durch den Zuckerguss zu ersetzen, egal wie viele heiße und geile Ficks ich auch erlebte.

Abgekühlt von meinen Grübeleien überprüfte ich meinen neuen A4A-Posteingang und erwartete Nachrichten, in denen sich mir jemand vorstellte, vielleicht eine Einladung zum Kaffee oder Abendessen.

KOMM RÜBER UND BUMS MICH war alles, was Trevor4Love schrieb.

Vielleicht waren die beiden Seiten gar nicht *so* verschieden. Immerhin waren wir Männer.

Davor hatte mich Dwayne gewarnt, bevor er abgereist war.

Der Gedanke an meinen alten Freund brachte mich zum
Lächeln. Ich brauchte eine Dosis Dwayne, aber es war noch
früh in Nashville und er war an den meisten Tagen ein
Langschläfer. Ich schwor mir, ihn später anzurufen und mich
mit ihm zu unterhalten.

Ein weiterer Punkt auf meiner Checkliste war, die High-
school-Basketball-Schiedsrichterverbände in der Stadt zu besuchen. Nachdem ich zehn Jahre lang in Nashville gearbeitet hatte, hatte ich mir in dieser Gruppe ein gewisses Di-
enstalter erarbeitet und fürchtete mich davor, in eine neue
Gruppe einzutreten. Würden sie die Aufgaben nach Leistung
vergeben oder wäre die Gruppe ein politisiertes Netzwerk von
Vitamin B? Würden die Basketballer etwas taugen? Würde
ich eine Million Kilometer durch den berüchtigten Verkehr
von Atlanta fahren müssen, um für ein paar Cent zu arbeit-
en? Oh, und wie viel bekamen die Angestellten hier unten
bezahlt?

Ich hatte so viele Fragen.

Eine schnelle Suche ergab, dass es vier oder fünf Verbände
gab, die die Schulen im Großraum Atlanta betreuten. Das
machte mich stutzig. Unsere Gruppe in Nashville deckte
die umliegenden Bezirke ab, und es war üblich, zur Arbeit
außerhalb der Stadt zu fahren. Dass eine Stadt vier oder fünf
Dachverbände brauchte, bereitete mir Kopfzerbrechen.

Ich klickte auf die erste Gruppe und fand den Namen
und die Nummer des Vorsitzenden auf der Homepage. Zehn
Minuten später hatte ich alles über den runden Ball in Atlanta
erfahren. Mr. Prez sagte, dass er sich über frisches Blut in seiner Gruppe freuen würde, erklärte mir aber, dass ihr Gebiet
weit außerhalb der Gebiete liegen würde, die ich während
einer Arbeitswoche ansteuern wollte. Dann riet er mir von
einigen Gruppen ab, die dafür bekannt waren, neue Leute zu
meiden, und verwies mich an die Gruppe, die seiner Meinung
nach am besten zu meinem Niveau und meinem Wohnort
passte. Es war Frühling, also war noch genug Zeit, um die

Einheimischen kennenzulernen und bei einigen AAU-Spielen mitzumachen, um Erfahrungen zu sammeln.

Atlanta hatte mich wieder erwischt – diesmal mit meiner größten Leidenschaft, die nichts mit Jungs, Bars oder irgendetwas Schwulem zu tun hatte. Ich war mir sicher, dass man mir für dieses Vergehen irgendwann den Schwulenausweis entziehen würde.

KAPITEL 12

RENTIER SAISON

Die Sonne ging an einem wunderschönen Frühlingssonntag auf. Nur ein paar Wolkenfetzen trübten den kristallblauen Himmel über Atlanta. Eine leichte Brise kitzelte die Haare auf meinen Armen. In ein paar Monaten würde ich erfahren, wie sehr jeder Atlantaner diese Brise vermisste, wenn der erdrückende Sommer in der Stadt alles in Sichtweite röstete.

Neugierig auf die Softball-Liga und darauf, wie es sein würde, mit so vielen anderen Jungs einen schwulen Sport zu treiben, fuhr ich quer durch die Stadt zu den Feldern, auf denen die Spiele stattfanden. Das erste, das mir auffiel, war die enorme Anzahl an Feldern, auf denen zu jeder beliebigen Zeit gespielt wurde. In Nashville hatten wir normalerweise zwei oder drei Spiele auf einmal. Hier waren acht Felder voll mit Spielern, während mehrere andere Mannschaften vom Spielfeldrand aus zusahen und auf den Beginn ihres Spiels warteten.

Und dann war da noch die riesige Anzahl an Spielern.

Wenn auf jedem Feld zwei Teams mit einem Dutzend oder mehr Spielern standen und jede Stunde acht Felder besetzt waren, bedeutete das, dass jede Stunde fast zweihundert Spieler aktiv am Spiel teilnahmen. Ich weiß nicht, was mich mehr überraschte: die Anzahl der schwulen Jungs, die an einem Ort versammelt waren, oder meine Fähigkeit, diese Zahlen in meinem Kopf verarbeiten zu können.

Die Tatsache, dass es Trikots gab, überraschte mich. Jedes Team war in einzigartigen Farben und mit Logos gekleidet, genau wie in den Hetero-Ligen, aber mit einem kleinen Unterschied. Die Namen der schwulen Teams waren viel cleverer und hatten oft einen sarkastischen oder sexuellen Beigeschmack. Es gab die Head Hunters, die P-Cocks, die Dangling Darlings, I'd Hit That, die Morning Wood, die Packers und, mein persönlicher Favorit, Pitch Slapped. Bei letzterem musste ich kichern, als ich von einem Feld zum nächsten ging.

Sogar die Liga selbst hatte einen cleveren Namen: die Hotlanta Softball League.

Aber Spaß beiseite, die Jungs nahmen ihre Spiele durchaus ernst. Ich hatte halb mit Albernheiten gerechnet, aber selbst die Spieler auf den unteren Levels waren darauf aus, zu gewinnen; abgesehen von ein paar Teams, die keine Chance hatten. Es war leicht, die rein sozialen Teams zu erkennen. Einige von ihnen trugen bunte Boas um den Hals oder Röcke anstelle von Shorts. Es gab sogar ein Team von Bären, die Tutus trugen. Herr, hilf mir. Jedes Mal, wenn einer von ihnen einen Ball fallen ließ (und das war *jedes* Mal der Fall, wenn sie getroffen wurden), schrie das gesamte Team „OOPSIE!" und warf seine Handschuhe in die Luft, wobei sie alle wie verlegene Schulmädchen kicherten.

Das sportliche Niveau auf dem Spielfeld war so niedrig, wie es nur sein konnte, aber der Unterhaltungsfaktor war unschlagbar. Ich schaute mir mehrere Innings an, um zu sehen, wie sie auf verschiedene Spielzüge auf Schlechte Neuigkeiten Bears Level reagierten. Wenn die Menge besonders laut lachte oder applaudierte, drehten sich einige der Tutu-gekleideten

Spieler um, machten einen Knicks und winkten ihnen wie Miss America zu, als ob sie etwas Besonderes gewonnen hätten. Sie waren urkomisch – und sie wussten es.

Nach einem amüsanten Softballmorgen ging ich ins Fitnessstudio, um mein tägliches Training zu absolvieren, und machte mich dann auf den Weg zu Cowtippers, um mein übliches gegrilltes Hähnchen und gebackene Süßkartoffeln zu essen. Ich hatte schon so oft dort gegessen, dass die Kellner (keine Kellnerinnen – es war schließlich MidTOWN) nicht einmal fragten, was ich wollte. Mein großes Glas Eiswasser stand schon auf dem Tisch, bevor ich Platz genommen hatte, und das Essen kam schneller, als McDonald's ein Spielzeug in eine Happy Meal-Box werfen konnte. Es war lecker, gesund und superschnell – und der Augenschmaus war fabelhaft, besonders an einem Wochenende, an dem die Terrasse voller Jungs war.

Ich kam gegen drei Uhr nach Hause und beschloss, meine Langeweile mit einer weiteren Runde AOL-Chat zu vertreiben. Die warmen Töne von Mr. AOL begrüßten mich mit dem allseits bekannten „E-Mail für dich". Das waren immer willkommene Worte. Ich bin mir sicher, dass es dafür eine wissenschaftliche Erklärung gibt, zum Beispiel die Ausschüttung von Endorphinen oder so. Ich weiß nur, dass mir schwindelig wurde, als ich daran dachte, dass mir jemand eine Nachricht geschickt hatte.

RAL2027: HEY, SCHON WIEDER!

Ich war noch dabei, die E-Mail mit dem Crate and Barrel Coupon zu lesen, als eine IM auftauchte. Es war RAL2027. Zwei Tage hintereinander? Wir hatten ein paar Jahre lang nicht miteinander gechattet, dann Monate, und jetzt chattete er an zwei aufeinanderfolgenden Tagen? Interessant.

ICH: HEY, RYAN. WAS LÄUFT?

RAL2027: NICHTS, WIRKLICH. LANGWEILIG. ABHÄNGEN. DU?

ICH: NICHTS. ICH HABE NUR TRAINIERT UND GEGESSEN.

Wir hatten eine Stunde lang gechattet, bevor ich merkte, wie viel Zeit vergangen war. Es war nicht ungewöhnlich, eine Stunde zu verlieren, wenn ich fünf oder sechs Chat-Fenster gleichzeitig geöffnet hatte, aber eine Stunde lang nur mit einem Mann zu reden, war … unerwartet.

Ryan konnte meine Gedanken lesen.

RAL2027: WIR HABEN ÜBER EINE STUNDE GECHATTET UND DU HAST NOCH KEINE EINZIGE SEXUELLE ANSPIELUNG GEMACHT.

RAL2027: IST DAS HIER ÜBERHAUPT ERLAUBT? HA HA.

ICH: WILLST DU, DASS ICH MIT DIR SCHMUTZIG REDE? Ich war stolz auf diese Wendung.

RAL2027: SO HABE ICH DAS NICHT GEMEINT, ABER MACH DIR KEINE SORGEN. ICH BIN EIN GROSSER JUNGE.

ICH: OH, WIRKLICH? WIE GROSS?

RAL2027: OMG, JETZT BIN ICH ROT GEWORDEN.

Ich hatte unser Gespräch bis zu diesem Punkt wirklich genossen, aber die niedliche Antwort von ihm brachte mich zum Grinsen.

Dann dachte ich an unsere vergangenen Chats. Wir hatten noch nie über etwas Sexuelles gesprochen. Da hatte er Recht. Das war außerhalb der Norm. Ich mochte es genauso gerne unanständig wie jeder andere, aber in diesem Moment fand ich die Tatsache, dass wir noch nicht einmal über Sex gesprochen hatten, richtig cool.

Ich werde nie sicher sein, ob es mein kleiner Engel oder der Teufel war, der mich leitete, aber ich beschloss, Ryan um ein Treffen zu bitten. Als ich anfing zu tippen, hörte ich ein Klingeln.

RAL2027: WIR SOLLTEN UNS TREFFEN – IN ECHT.

Heilige Scheiße. Er war mir zuvorgekommen.

Ich war nicht eingeschüchtert von der Idee, mich persönlich zu treffen. Ich hatte schon viele Jungs aus dem Internet kennengelernt, entweder zum Kaffee oder zum Abendessen oder einfach nur, um mit ihnen zu schlafen – okay, meistens, um mit ihnen zu schlafen. Was soll ich sagen? Wenn du das Kind eines Predigers von der Leine lässt, musst du aufpassen. Ich hatte Jahre der unterdrückten Zeit nachzuholen.

„Verdammt richtig. *Unterdrückt* beschreibt nicht einmal ansatzweise, was du warst." Mein in Leder gekleideter Teufel tauchte mit einem dramatischen Puff auf meiner Schulter auf. Aus irgendeinem Grund war seine winzige Weste offen und seine Brust sah geölt aus. Muss sich ein imaginäres Gewissen einschmieren, bevor es mir Ratschläge gibt?

Warum war ich so nervös, diesen Ryan zu treffen? Eigentlich hatten wir schon seit Jahren online gechattet, aber in dieser Zeit hatten wir uns auch immer wieder aus den Augen verloren. Trotzdem fühlte es sich so an, als hätten wir schon lange miteinander gechattet. Seine Unterhaltungen waren angenehm und locker, und wenn seine Statistiken stimmten, war er ein leckerer Happen. Es kam mir so albern vor, dass ich jetzt Bammel hatte. Ich lachte über meine eigene Dummheit und holte tief Luft, bevor ich wieder in die Tasten haute.

ICH: WIR HABEN HIER SCHON EINE WEILE GEPLAUDERT. SICHER. ES WÄRE SCHÖN, WENN WIR UNS TREFFEN WÜRDEN.

RAL2027: JETZT?

ICH: UH, SICHER. WO?

RAL2027: KENNST DU DAS CARIBOU COFFEE IN MIDTOWN?

Ich erinnerte mich daran, dass ich auf meinen Streifzügen durch die Stadt dutzende Male daran vorbeigekommen war, aber ich würde trotzdem nach dem Weg suchen müssen. Ich wollte nicht, dass er erfuhr, dass ich ein kompletter Idiot war, wenn es um die Fortbewegung ging.

ICH: KLAR. WIR SEHEN UNS IN ZEHN MINUTEN?

RAL2027: PERFEKT. ICH WERDE DER TYP IM BLAUEN SHIRT SEIN.

ICH: GROSSARTIG. WIR SEHEN UNS BALD.

· · · · ● · ● · · · ·

Ich war zuerst in dem Café. Da ich nicht wusste, was ich tun sollte, suchte ich mir einen Platz und wartete auf einen Typen in einem blauen Shirt mit blonden Haaren, der ungefähr so groß war wie ich. Das war nicht gerade eine Beschreibung auf Columbo-Niveau, aber es musste reichen. Meine Finger hörten nicht auf, miteinander herumzufummeln. Es war viel los, und die Kunden kamen und gingen wie in einem Rausch aus koffeinbedingter Bewegung. Jedes Mal, wenn die kleine Glocke an der Tür bimmelte, hob ich den Kopf und hoffte, einen ersten Blick zu erhaschen.

Dann wurde mir klar, dass ich das heiligste Gesetz des Online-Datings gebrochen hatte.

Besorge dir immer, immer, *immer* ein Foto – oder mehrere –, wenn möglich aus verschiedenen Perspektiven und mit einer Zeitung, um das Date und die Echtheit zu überprüfen.

Ja, ich war ein kleiner Freak beim Online-Dating.

Bei Ryan hatte ich allerdings *nichts* davon gemacht.

Ich hatte keine Ahnung, wie er wirklich aussah und wartete ungeduldig auf seinen großen Auftritt. Soweit ich wusste, konnte er achtzig sein, eine Glatze und drei Hörner haben, die aus seinem Kopf ragten. Na gut, die Hörner waren wohle etwas übertrieben, aber du verstehst, was ich sagen will. Ich wusste nichts – und jeder Schwule, der etwas auf sich hält, weiß, dass die *wichtigste* Regel ist, ein Buch immer nach seinem Einband zu beurteilen. Doch wie sollte ich das tun, wenn ich das Buch noch nie gesehen hatte? Ryans Profil hatte keine Sterne, von den eingekreisten ganz zu schweigen, denn ich hatte meine Pflichten beim AOL-Trolling schwer vernachlässigt.

Meine Nervosität wuchs, als ich darüber nachdachte, wie fahrlässig ich gewesen war.

„Drei Sahne und ein Splenda, richtig?"

Ich schreckte aus meinem Sitz hoch, schlug mit den Knien auf die Tischplatte und ließ mich wieder auf die Bank fallen. Als ich aufblickte, hatte mein blondes Date ein amüsiertes Grinsen im Gesicht und in jeder Hand eine Tasse Kaffee. Er stellte die Tassen ab.

„Hi, ich bin Ryan."

Ja, das bist du, dachte ich.

Seine Online-Beschreibung war zwar spärlich, aber genau. Die kristallklaren, blaugrauen Augen, die mich anfunkelten, hatte er allerdings ausgelassen. Zusammen mit seinen blonden Haaren und seinem breiten Lächeln wirkten sie verträumt, fast wolfsartig. Ich fand ihn gut aussehend, aber Normal Heiß, nicht Hollywood Heiß. Cover-Models mögen zwar tolle Pin-ups abgeben, aber Ryans normales gutes Aussehen war liebenswert und irgendwie echter als all die Perfektion, die ich in Atlanta schon gesehen hatte.

In seinem Profil war 16a angegeben, was bedeutet, dass seine Arme 16 Zoll umgerechnet also zirka 40 Zentimeter breit waren, wenn man sie mit einem Maßband maß – aber diese Zahl hatte ich nie verstanden. Ich musste etwas mit eigenen Augen sehen – und sein Bizeps stach mir mehr als nur ins Auge. Vierundsechzig Zentimeter hatten noch nie so gut ausgesehen.

Jetzt hör auf damit. Vierzig Zentimeter *da unten* sind unzumutbar – es sei denn, du bist das Pferd von Katharina der Großen.

„Äh, hey. Ich bin Michael. Woher wusstest du, wie ich meinen Kaffee mag?“

Ja, das war das erste, das ich zu ihm sagte. Ich bin ein totaler Idiot.

Er zuckte mit den Schultern und ließ sich auf den Stuhl gegenüber von mir fallen. „Du hast es vor einer Weile mal erwähnt, vielleicht vor einem Jahr oder so.“

Heiliger Himmel. Wie konnte er sich an so ein Detail aus einer Online-Konversation erinnern, die wir vor einem Jahr geführt hatten? Hatte er auch ein geheimes Notizbuch?

„Sehe ich gut aus?“, fragte er.

Ich hatte den Vorfall mit dem Kniestoß endlich überwunden und war wieder der Klugscheißer in Person. Ich musterte ihn von oben bis unten mit einem übertriebenen Blick.

„Ja, ich denke, für einen Kaffee bist du gut genug.“

Er gluckste und hob seine Tasse zum Zuprosten, dann nahm er einen Schluck. „Du bist auch nicht schlecht."

Ich wurde rot und senkte meinen Kopf. „Danke."

Wir waren gegen halb fünf am Nachmittag angekommen. Als die Uhr sieben Mal läutete, schaute Ryan auf seine Uhr und seufzte tief:

„Ich kann nicht glauben, dass wir schon so lange hier sind. Ich muss nach Hause. Morgen ist ein Schultag."

Wir gingen gemeinsam zum Parkplatz, lehnten uns dort unbeholfen an einen der Pfeiler des Gebäudes und starrten uns an.

„Ich kann mich nicht erinnern, wann ich das letzte Mal so lange mit jemandem geredet habe und nicht auf halbem Weg abhauen wollte." Er lächelte verlegen und kleine Grübchen erschienen. Der Mann hatte Grübchen, die zu den funkelnden Augen passten. Ich kämpfte gegen eine Ohnmacht an.

„Ja, ich hatte eine tolle Zeit", erklärte ich.

„Okay, ich muss jetzt wirklich los. Sehen wir uns später online?"

Ich nickte. Er beugte sich vor, zog sich dann aber zurück, streckte eine Hand aus und tätschelte meinen Arm. Ja, es war total peinlich, aber auf eine seltsame Art und Weise passte es perfekt zu unserem Date auf einen Kaffee.

KAPITEL 13

HALLO ABSPERRUNG!

A m nächsten Tag stürmte Connie in mein Büro. Ihre unermüdliche Energie und ihr ansteckendes Lächeln erweckten in meinem morgenmuffeligem Ich den Wunsch, ihrem fröhlichen Gemüt den Garaus zu machen.

„Wir müssen einen Verkaufswettbewerb veranstalten. Mein Team ist von dem Vergütungsplan gelangweilt und ich denke, dass wir so etwas nutzen können, damit die Leute zur Abwechslung mal *gerne* hier arbeiten.“

„Okay. An was hast du gedacht?“

Sie ließ sich auf einen Stuhl plumpsen und schob ihn nach vorne, damit sie ihre Ellbogen auf meinem Schreibtisch abstützen konnte. „Ich habe keine Ahnung. Wir müssen ein Brainstorming machen, aber ich habe in fünf Minuten eine Teambesprechung, und heute Nachmittag geht es Schlag auf Schlag.“

„Was hältst du davon, wenn wir uns nach der Arbeit treffen? Heute ist mein trainingsfreier Tag.“

„Perfekt. Dann haben wir ein Date.“ Sie zwinkerte mir zu und hüpfte von ihrem Stuhl auf. „Du kannst mich in

eine dieser Schwulenbars schleppen, von denen du mir letzte
Woche erzählt hast."

Und mit diesem verrückten Vorschlag verschwand sie.

Um fünf Uhr dreißig erschien sie wieder in meiner Tür.
„Hör auf zu arbeiten. Wir müssen ein Brainstorming machen
und Schwule anglotzen!"

Ich konnte mich nicht entscheiden, ob mich ihr Enthusi-
asmus für dieses kleine Abenteuer amüsieren oder ängstigen
sollte. Connie und ich waren in dem Monat, in dem wir nun
zusammen arbeiteten, schon unzählige Male zusammen Mittagessen gegangen. Sie war meine engste Freundin und Vertraute geworden, aber sie in eine Schwulenbar mitzunehmen,
war Neuland. Abgesehen von Dwayne hatte ich noch nie
jemanden mitgenommen – es sei denn, du zählst die Jungs
mit, die ich aus den Bars hinausbegleitet hatte.

Nein, die zählten nicht.

Es fühlte sich an, als wäre ich im Begriff, einen Teil
meines Lebens zu enthüllen, den ich sorgfältig von allen
anderen Teilen ferngehalten hatte. Heute klingt das albern,
aber damals war dieser Gedanke erschreckend. Würde sie
mich nach einer Stunde mit mir im natürlichen Lebensraum
der Schwulen noch genauso sehen wie vorher? Würde sie
mich immer noch respektieren? Würde sich unsere Arbeits-
beziehung ändern? Würde sich unsere Freundschaft ändern?

Puff. „Du machst dir zu viele Gedanken und vertraust
ihr nicht genug. Geh, hab Spaß. Schwärme für die Jungs.
Vielleicht trinkst du auch zur Abwechslung mal was *anderes*
als eine Cola." Der Teufel hatte sich aus seiner Lederjacke
geschält und einen schicken, blauen Anzug mit einem weißen
Hemd und einer geschmackvoll gemusterten Krawatte angezogen. Sein rabenschwarzes Haar war zurückgekämmt und
seine Augen funkelten wie Smaragde.

Verdammt, sogar mein Teufel fing schon an, heiß auf mich
zu wirken. Ich brauchte wirklich eine Therapie.

Der Engel ließ sich nicht lumpen und erschien ebenfalls. Er trug jetzt ein katholisches Priestergewand, aber in Weiß, wie der Papst. „Ausnahmsweise stimme ich Sparky da drüben zu – bis auf den Teil mit dem, was du trinkst. Coca-Cola ist völlig in Ordnung und hat eine angenehme Spritzigkeit. Bleib auf deinem Weg, Michael."

War das eine Ermutigung oder eine Lektion?

Mit einem weiteren Puff verschwanden sie und ich merkte, dass Connie immer noch in meiner Tür stand und mich beobachtete. Sie hatte eine Augenbraue hochgezogen, die Lippen zu einem seltsamen Grinsen verzogen und die Arme unter ihren üppigen Brüsten verschränkt, die mich beide durch ihr weißes Shirt hindurch mit einem Auge anstarrten.

„Also gut", sagte ich, stopfte einen Ordner in meine Schreibtischschublade und schloss sie ab. „Los geht's."

· · · · ● · ● · · · ·

Connie und ich kicherten über den Tisch bei Cowtippers und schmissen eine verrückte Idee nach der anderen in die Runde. Einige waren sogar ernst gemeint und kamen auf ihre Liste, die sie in einer akribischen Handschrift kritzelte, die mein unleserliches Gekritzel eher wie das Geschwafel eines Drittklässlers als eines professionellen Erwachsenen aussehen ließ. Ich sah ihr dabei zu, wie sie eine lange Erklärung schrieb und lächelte, als mir klar wurde, wie nah wir uns in so kurzer Zeit gekommen waren. Sie war die freundlichste und positivste Person, die ich seit Jahren kennengelernt hatte. Sie lächelte leicht und brachte jeden Raum, den sie betrat, zum Lachen. Man konnte sie förmlich spüren, wenn sie einen Raum betrat. Das war eine besondere Gabe, die nur wenige hatten. Außerdem brachte sie mich so sehr zum Lachen, dass mir die Seite wehtat – und kein Thema war vor ihrem scharfen Verstand sicher.

Ich schaltete in den vollen Verkäufer-Modus. „Wir müssen etwas Großes auf die Beine stellen. Ted glaubt, dass er das Team mit einem Stapel Geldscheine begeistern kann, aber das funktioniert nur bei einigen wenigen. Wir müssen ihre Fantasie und ihren Kampfgeist anregen."

Sie dachte einen Moment lang nach, dann funkelten ihre Augen und verrieten mir, dass sie gleich etwas Erstaunliches sagen würde. „Was gibt es Magischeres als eine Reise nach Paris?"

„Okay, ich bin ganz Ohr."

„Denk mal darüber nach. Der Eiffelturm, der Arc de Triomphe, der Louvre – sogar einfache Szenen mit Leuten, die in Straßencafés essen, während Touristen vorbeischlendern. Alles an Paris schreit nach sexy und aufregend. Wir können das ganze Büro mit französischen Flaggen und Bannern schmücken."

Sie richtete sich auf und schob ihre Beine unter ihren Hintern, dann lehnte sie sich auf dem Tisch vor und kicherte. Dreißig Minuten später hatten wir einen fertigen Plan, den wir Ted vorlegen konnten, zusammen mit einem Budget, einem Dekorationsplan für das Büro und einer Skizze von Flyern, auf denen wir die Regeln erläutern würden. Sie ließ die Beine sinken und setzte sich mit dem Hintern auf die Bank, während ich das Essen bezahlte.

„Okay, das war's. Wo bringst du mich jetzt hin?", fragte sie mit der eifrigen Stimme einer Teenagerin, die die Sperrstunde überzogen hatte.

Ich gluckste: „Es ist Montag sieben Uhr. Der einzige Ort mit vielen Leuten wird Blake's sein."

„Sieh mal einer an, du weißt schon, in welcher Bar wann was los ist."

„Ja, das ist Teil der Grundausbildung für einen neuen Schwulen."

Sie lachte und hievte sich aus der Sitzecke. „Super. Los geht's, mein Ritter in Regenbogenrüstung."

Arm in Arm machten wir uns lachend auf den Weg zum Auto und fuhren dann die paar Blocks zu Atlantas berühmtester Steh- und Modelbar. Sie war genau so, wie ich es erwartet hatte: spärlich gefüllt mit einer Handvoll Gruppen, die sich zu zweit oder zu dritt an der Bar oder an hohen Tischen an der Wand versammelt hatten. Connie schnappte sich einen Tisch, während ich mit dem Barkeeper flirtete und Drinks bestellte. Einen Moment später kam ich zurück und überreichte ihr einen Sex on the Beach, dann stellte ich meine Cola vor meinem Hocker ab.

„Oh nein, das tust du nicht. Geh zurück zu dem Hottie hinter der Bar und hol dir einen echten Drink. Es ist unhöflich, eine Dame alleine trinken zu lassen." Ich folgte der Linie ihres Zeigefingers, um den grinsenden Barkeeper zu entdecken. Er winkte mir zu.

„Gut. Du hast gewonnen. Bin gleich wieder da."
Als ich zurückkam, hatte sich Jack zu meiner Cola gesellt. Dann begann das Verhör.

„Also, wie war der Kaffee mit Ryan?"
Sie vergaß nie *etwas*.
Vor ein paar Wochen hatten wir ein Formular ausfüllen müssen, in dem meine Sozialversicherungsnummer verlangt worden war. Sie hatte sie schon einmal aufgeschrieben und konnte sie immer noch aufsagen. Das war beeindruckend und beängstigend zugleich. Ich hätte nicht überrascht sein sollen, dass sie sich an den Namen des zufälligen Online-Kaffee-Dates erinnerte.

„Er war gut."
Sie legte den Kopf schief, als sie an ihrem Getränk nippte, und kicherte dann darüber, wie stark es war.

„Gut? Das ist alles, was ich als Antwort bekomme? Ich bitte dich, mich nach Paris zu bringen und du fährst mich nach Decatur?"

„Hey! Decatur hat Charme. Warst du schon mal in der Stadt?"

Sie rollte mit den Augen. „Na los. Raus mit der Sprache. Ich will Details."

Es gab kein Entkommen von ihrem stählernen Blick. „Er ist nett. Ich hatte kein Foto gesehen, bevor wir uns getroffen haben, also habe ich wirklich nicht gewusst, was mich erwartet. Er treibt viel Sport – das hat man an seinen Armen gesehen und daran, wie seine Brust sein Shirt ausgefüllt hat. Er ist blond. Das ist etwas Neues für mich. Normalerweise stehe ich mehr auf Typen mit dunklen Haaren, eher italienisch oder lateinamerikanisch, aber er sieht gut aus. Er hat seltsame Lippen. Der untere Teil steht irgendwie hervor." Ich versuchte, Ryans Unterlippe zu imitieren, und sie kicherte.

„Worüber habt ihr gesprochen?"

„Oh, wow. Über eine Menge. Wir haben ein paar Stunden lang gequatscht."

Ihre rechte Augenbraue schoss nach oben. „Ein paar Stunden? Bei einem Kaffee?"

Ich nickte.

„Das ist eine Menge Gesprächsstoff für ein erstes Date."

„Ja, das stimmt – und es war ganz locker. Weißt du, wie schwer es manchmal ist, mit jemandem, den man noch nicht kennt, ein Gespräch in Gang zu halten und sich etwas einfallen zu lassen, um die unangenehmen Stellen zu füllen? Es hat keinen einzigen Moment gegeben, in dem man eine Lücke füllen musste. Es hat sich echt gut angefühlt. Er scheint ein wirklich netter Kerl zu sein."

Sie kippte den letzten Schluck ihres Getränks hinunter und ich wusste, dass ich in Schwierigkeiten steckte. Sie war schon beschwipst.

„Wann siehst du ihn wieder?"

„Ich weiß es nicht." Ich zuckte mit den Schultern. „Er ist nett und so, aber er hat mich nicht umgehauen – und ich bin noch Frischfleisch, wie Dwayne sagen würde. Ich kann mich nicht binden, bevor ich nicht gesehen habe, was sonst noch auf der Speisekarte steht." Ich hob meine Tasse. „Außerdem hat er etwas Eigenartiges an sich, das ich nicht einordnen kann. Wir können stundenlang über AOL chatten, mehrere Tage hintereinander, und dann verschwindet er einfach für eine Woche. Bevor ich hierher gezogen bin, war er über ein Jahr lang verschwunden. Als er wieder aufgetaucht ist, hatte ich schon vergessen, wer er war."

„Nicht jeder lebt vor diesem blöden Computer. Du könntest auch mal rausgehen und die Leute persönlich treffen."

„Das tue ich ja. Ich gehe fast jeden Freitag- und Samstagabend aus – ich habe noch nie ein *Treffen* mit einem Typen verpasst." Ich zwinkerte und stand auf, um uns eine weitere Runde zu holen. „Aber irgendetwas fühlt sich bei Ryan komisch an. Ich weiß es auch nicht. Vielleicht *bin ich* ja komisch."

Sie lachte: „Das wäre *definitiv* nicht das erste Mal."

Wir tranken noch zwei Runden. Connie wechselte für ihren dritten Drink zu Wasser mit Limette, bestand aber darauf, dass ich mit dem stärkeren Zeug weitermachen sollte. Sie genoss den Wahnsinn, der aus meinem Mund kam, wenn ich gut geschmiert war. Auf halbem Weg durch den dritten Drink wurde das Licht in der Bar gedimmt und laute Musik ertönte. Eine über ein Meter achtzig große Drag Queen, in High Heels und mit einem Kopfschmuck, der sie noch ein paar Meter größer machte, schlenderte mit einem Mikrofon in der Hand in den Raum. Die Jungs strömten aus allen Eingängen herein, bis sie sich Schulter an Schulter drängten. Auf einen pietätlosen Monolog mit Witzen und Anspielungen folgten vertraute, peppige Songs, bei denen jeder Schwule im Saal mitsang und die Hände in die Luft warf.

Connie lachte die ganze Zeit. Ich dachte, sie würde hyperventilieren – oder in die Hose machen. Mein alkoholbedingtes Kichern war auch nicht viel besser und nährte sich von ihrem ständigen, kindlichen Lachen. Wir waren völlig aufgelöst und genossen jede Minute davon.

Nach der Show fuhr sie mein Auto zurück zu Cowtippers. Sie kicherte jedes Mal, wenn ich den Kopf drehte und auf den nächsten heißen Typen zeigte, der die Straße entlanglief.

„Irgendwann wirst du dir noch den Hals verrenken", witzelte sie.

„Oh, sieh dir den an!" Ich zeigte aufgeregt auf einen Kerl, der ohne Hemd joggte. Seine wohlgeformte Brust hüpfte bei jedem Schritt. Ich machte ein boingy-boingy Geräusch im Takt seiner Schritte. „Verdaaaaammmmt."

Sie gab mir spielerisch einen Klaps auf den Arm. „Ich schwöre, du würdest sogar ein Straßenschild heiß finden."

Wie aufs Stichwort kamen wir an einem Bautrupp vorbei, der spanische Böcke aufstellte, um den Fußgängerverkehr auf dem Bürgersteig zu blockieren. Ich riss meinen Kopf dramatisch hoch und rief: „Hallo, Absperrung!"

Sie schnaubte und wir verfielen beide in einen weiteren Tränenanfall.

KAPITEL 14

PUTT-PUTT IS REAL GOLF

T ed genehmigte unseren Vorschlag am nächsten Tag, und wir setzten für Donnerstag eine Einführungsveranstaltung für die Mitarbeiter im Verkauf und in der Rekrutierung an. Connie konnte sich kaum zurückhalten. Wir fuhren in jeden Partyladen, den wir finden konnten, und besorgten alles in den Farben Blau, Weiß und Rot. Als der Donnerstag kam, hatte jeder Schreibtisch eine Miniaturausgabe der französischen Flagge, im ganzen Büro waren Fähnchen drapiert, und französische Musik begrüßte die Mitarbeiter, als sie unsere Räumlichkeiten betraten. Das musste ich ihr lassen: Connies Begeisterung war noch ansteckender als ihr Lachen. Die Truppe war schon vor Beginn des Treffens aufgeregt gewesen und brach in Applaus und Jubel aus, als sie den Hauptpreis verkündete.

Connie und ich waren bei unseren Teams bereits sehr beliebt. Ted regierte mit eiserner Faust und verstand nicht, wie man die Leute motivierte. Connie und ich kümmerten uns aufrichtig um sie, und das machte den Unterschied. Dazu kam noch die Chance, nach Paris zu fliegen, und wir wurden sofort zu Rockstars.

An jedem Tag des Wettbewerbs verteilten wir ein anderes französisches Leckerli. An einem Tag waren es Kekse, am nächsten Croissants und dann Anstecker mit französischen Farben. Das sorgte für so viel Aufsehen, dass sich morgens sogar ganze Gruppen versammelten, um auf die Überraschung des Tages zu warten. Eines Morgens verlangte Connie, dass wir unsere Überraschung sangen. Ich bin mir ziemlich sicher, dass die Truppe ihr Geld von diesem Konzert zurückhaben wollte.

Wir hatten uns auch tägliche Preise ausgedacht, so dass jeder etwas gewinnen konnte, selbst wenn er beim großen Pferderennen zurückfiel. Diese Gewinnspiele wurden zum wichtigsten Wachstumsfaktor für unsere Verkaufskampagne, denn der Großteil meiner Verkaufsleute war eindeutig von der Jagd nach Paris abgekommen.

Innerhalb weniger Wochen wurde der monotone Rhythmus, der das Büro durchzog, durch verspielte französische Akzente und „Oh là là"-Rufe ersetzt, wenn jemand einen Verkauf tätigte. Es war albern und verrückt, aber brillant. Connie war eine Wundertäterin, und wir waren großartige Partner.

In der ersten Woche waren wir so beschäftigt, dass ich kaum an Ryan dachte. Ich loggte mich nicht einmal bei AOL ein.

Am Freitag, nach einem schmerzhaften Training, ließ ich mich in meinen wackeligen Bürostuhl fallen und schaltete meinen PC ein. Die sonst so freundliche Stimme von AOL schien genervt von der Menge an E-Mails, die sich in meiner Warteschlange stapelten, und brummte „E-Mail für dich", als die Sanduhr umsprang.

Tief in dem Stapel befanden sich zwei E-Mails von Ryan.

DIENSTAG 21:47

Hey. ICH WOLLTE DIR NUR SAGEN, DASS ICH UNSEREN KAFFEE SEHR GENOSSEN HABE. ICH HOFFE, DU HAST EINE SCHÖNE WOCHE.

RYAN

Ich scrollte die Liste hinunter und öffnete die zweite Mail.

MITTWOCH 21:29

HEY NOCHMALS. HAB GERADE GEMERKT, DASS ICH DIR NOCH KEIN BILD GESCHICKT HABE. VIEL SPASS DAMIT.

R

Die E-Mails waren harmlos genug, und ich fühlte mich geschmeichelt, dass er an mich gedacht hatte. Das war mehr, als ich sagen konnte. Ich mochte ihn sehr, aber ich spürte nicht die brennende Leidenschaft, nachdem wir uns getroffen hatten. Vielleicht war das auch gut so. Vielleicht sollten wir ein bisschen weniger begeistert und mehr intellektuell interessiert sein. Ich weiß es nicht. Nachdem ich durch Fly Boy und seine Seidenkrawatten in die schwule Intimität eingeführt worden war, wusste ich, dass ich Leidenschaft wollte, aber ich wollte auch mit guten Gesprächen herausgefordert werden.

War es zu viel verlangt, beides zu wollen?

„Ja, du Idiot. Lass Klein-Michael einfach das Auto steuern, dann wird alles gut." Der Teufel erschien, in Netzstrümpfen und einem rosa Turnanzug. Das war neu. Wie sollte ich seine Ratschläge ernst nehmen, wenn er sich so kleidete?

„Du wächst, Michael. Ich bin stolz auf dich." Die beruhigende Stimme des Engels strömte in mein anderes Ohr. Er materialisierte sich auf meiner Schulter in einem schimmernden weißen dreiteiligen Anzug mit einer goldenen Krawatte. Er sah aus, als wäre er bereit, eine Gameshow zu moderieren, aber vielleicht war der Himmel ja genau das   eine große, kosmische Gameshow.

Ich schüttelte meinen Kopf von der Spitze und dem Glitzer frei. „Leute, ich bin nicht wirklich an Ryan interessiert, okay?"

Der Teufel schnaufte etwas Unverständliches und verschwand dann. Der Engel lachte sogar, als er verschwand. Seltsam.

Ich klickte auf die kleine Büroklammer, und ein Foto von Ryan erschien auf dem Bildschirm. Es sah aus wie das Bild seines Arbeitsausweises. Er sah gut aus, auch wenn seine Unterlippe seltsam hervortrat. Ich starrte es eine Sekunde lang an und drehte das Bild dann um neunzig Grad, um zu sehen, ob es sich veränderte. Nein. Er sah immer noch gleich aus. Dafür, dass er so erfolgreich war, hatte er wirklich kein Talent für Online Dating. Wer schickte schon ein starres, vollständig bekleidetes Foto, das nicht einmal bis zu den Schultern reichte? Ich schloss sein Bild und schaute weiter.

Als sich der Rest meines überfüllten Posteingangs als genauso enttäuschend erwies wie Ryans Bild, beschloss ich, dass es an der Zeit war, zu sehen, was das Meer von Atlanta sonst noch zu bieten hatte. Ich rief die Liste der Räume auf, die mit AtlantaM4M begann, und suchte nach einem, den ich noch nicht betreten hatte.

Ding.

RAL2027: HEY. DU BIST ZURÜCK.

Er hatte einen schnellen Tippfinger – und seine IM verriet mir, dass er mich auch zu seiner Freundesliste hinzugefügt hatte. Das brachte mich zum Lächeln. Wer liebt nicht ein wenig Schmeichelei?

ICH: SELBER HEY. WIE WAR DEINE WOCHE?

RAL2027: GUT. STRESS IM BÜRO. ICH HAB FAST JEDEN TAG BIS 20 UHR GEARBEITET.

ICH: AUA. DAS KLINGT NICHT GUT.

RAL2027: ICH BIN DARAN GEWÖHNT. WIR HABEN LEUTE IN ÜBERSEE, ALSO MUSS ICH SIE WÄHREND IHRER ARBEITSTAGE ANRUFEN. DAS SORGT FÜR LANGE NÄCHTE.

Ich scrollte durch die Chaträume und achtete nicht wirklich auf unser Gespräch.

RAL2027: ICH HABE EINE IDEE.

Als er nicht weiter darauf einging, tippte ich: **OKAY, SCHIESS LOS.**

RAL2027: WANN HAST DU DAS LETZTE MAL MINIGOLF GESPIELT?

Was war das? Ich schloss die anderen Chaträume. Jetzt hatte er meine volle Aufmerksamkeit.

ICH: ÄHM, ICH WEISS ES NICHT MEHR. VOR JAHREN. VIELLEICHT ALS KIND.

RAL2027: DU BIST IMMER NOCH EIN KIND.

ICH: HA HA. KLUGSCHEISSER, OPA. WIE ALT BIST DU EIGENTLICH? DAS HAST DU MIR NOCH NICHT VERRATEN.

RAL2027" JA DAS BIN ICH, EIN KLUGSCHEISSER;) ALSO, SPIELST DU MORGEN MIT MIR MINIGOLF?

Als ich nicht sofort antwortete, fügte er hinzu: „**ICH MUSS DICH ALLERDING VORWARNEN. ICH HABE FRÜHER HALBPROFESSIONELL GOLF GESPIELT. DU WIRST NICHT GEWINNEN, ABER ES WIRD BESTIMMT SPASS MACHEN, DIR BEIM VERSUCH ZUZUSEHEN."**
Diese kleine Schlampe.

ICH: OH, DU KANNST DICH AUF WAS GEFASST MACHEN. BRING DEINE SCHLÄGER MIT ODER WAS AUCH IMMER DU BRAUCHST, ALTER MANN. ICH WERD DICH SOWAS VON RAN NEHMEN.

RAL2027: ICH HATTE GEHOFFT, DASS DU DAS IRGENDWANN SAGEN WÜRDEST.

ICH: HA. ICH REDE VON MINIGOLF.

RAL2027: JA, RICHTIG. ABER MACH DIR KEINE ZU GROSSEN HOFFNUN-

GEN. DU WIRST TROTZDEM VER-LIEREN.

Wir einigten uns auf eine Zeit und einen Ort, dann loggte er sich aus und behauptete, er hätte noch einen Anruf für die Arbeit oder so zu erledigen – an einem Freitagabend. Irgendetwas fühlte sich immer noch komisch an, aber ich liebte die Herausforderung, und sein spielerisches Geplänkel war genau das Richtige. Ich musste zugeben, dass Ryan mich zum Lächeln brachte.

„Ich hab's dir ja gesagt", erklärte mein Freund im weißen Anzug, als er in der Teekannen-Pose mit den Händen in den Hüften auftauchte. „Sei unvoreingenommen. Ich habe ein gutes Gefühl bei dieser Sache."

Der Teufel, wieder in seiner schwarzen Biker-Lederhose, lehnte sich vor mein Kinn und streckte dem Engel die Zunge heraus. „Schau, dass du irgendwo einen Schwanz herbekommst und zieh weiter. Du bist zu jung, um dich festzubinden – es sei denn, du *wirst festgebunden*."

Die beiden brauchten wirklich eine Therapie.

· · · · ●· ● · · ·

Am nächsten Morgen, nach einem Becher Kaffee und zwei Päckchen Pop-Tarts mit Kirschgeschmack, zog ich mir mein Nashville Rocks T-Shirt und ein paar Khaki-Shorts an und machte mich auf den Weg zum Golfplatz – okay, zum Minigolfplatz. Ich war noch nie auf einem richtigen Golfplatz gewesen, aber ich tat so, als wären dies die Meisterschaften, mit einer grünen Jacke, die auf mich wartete, nachdem ich das Clownsgesicht am letzten Loch getroffen hatte.

Ich hatte keine Erwartungen an dieses Date. Ich hatte Ryan als einen netten, gut aussehenden Mann in Erinnerung, mit dem man sich gut unterhalten konnte. Ich war nicht sonderlich angetan und betrachtete den Tag eher als einen lustigen Zeitvertreib mit einem Freund denn als Date. Der Nervenkitzel des Wettkampfs gegen einen übermütigen Gegner war in meinem Kopf stärker verwurzelt als, nun ja, seine Wurzeln – oder irgendetwas anderes von ihm.

Ich malte mir die Szene am Ende des Tages in meinem Kopf aus:

Parkwächter in grünen Polo-Shirts standen in einer Reihe und klatschten, während der nerdige, bebrillte Manager mir half, die Jacke des Gewinners das erste Mal anzuziehen. Tausende von Fans säumten das Grün – okay, Dutzende und Aberdutzende von Leuten säumten den Spielraum – alle lächelten und applaudierten, erstaunt über meine unvergleichlichen Golfkünste. Sie spielten sogar ‚Eye of the Tiger‘ im Hintergrund. Nichts verkündete einen überwältigenden Sieg besser als die Melodie von *Rocky*. Ryan stand etwas abseits, mit einer Mischung aus Eifersucht und Enttäuschung im Gesicht, als er seine peinliche Niederlage realisierte.

Es war eine wunderschöne Szene. Vielleicht vergoss ich am Ende sogar eine Träne.

Wer brauchte jetzt eine Therapie?

Ich fuhr auf den Parkplatz und war überrascht, dass er an einem Samstag fast leer war. So viel zu meiner poetischen Szene mit den Dutzenden von applaudierenden Fans. Ich parkte neben Ryans silbernem Honda und ging durch das Haupttor zu der Hütte, in der die Gäste Tickets für Golf oder Go-Karts kauften. Ryan stand ein paar Meter vor der Hütte. Er winkte mir zu und ich stolperte fast über einen Bordstein.

Als wir uns das erste Mal im Caribou getroffen hatten, hatte Ryan vernünftige Freizeitkleidung getragen: ein Poloshirt und eine khakifarbene Hose. Ich weiß nicht, was ich an diesem Tag beim Minigolf erwartet hatte, aber sicherlich kein neongelbes Tank-Top, wie es die Muskelprotze im Fitnessstudio trugen, mit den strähnigen Schulterträgern und den tief ausgeschnittenen Seiten? Der Wind wehte leicht und blähte

sein Shirt auf, so dass ich seine perfekt geformten Bauchmuskeln und die hervorstehende Brust durch die Seiten sehen
konnte. Er lächelte mich an und strahlte mich mit seinem
perfekten Perlweißen an. Sein blondes Haar, das ich noch nie
besonders attraktiv gefunden hatte, wehte im Wind – ja, wie
Marilyns Kleid – und ich schwöre, dass die Sonne hinter ihm
zu leuchten begann.

In diesem sonnenblinden Moment wusste ich, dass ich in
Schwierigkeiten steckte. Mein Herz raste und ich machte mir
sofort Sorgen, dass Englisch meine Zweitsprache sein würde,
wenn ich versuchte zu sprechen. Was war nur los mit mir? Ich
war nicht einmal besonders an diesem Typen interessiert.

Ich schaute auf und *heilige Scheiße*, er war wunderschön.
Nein, er war umwerfend. Beeindruckend? Verdammt heiß.

Woher kam *das* nur? Mein Gehirn, mein Herz und
Klein-Michael – sie alle – rebellierten und schlugen eine
Richtung ein, mit der ich nicht gerechnet hatte. Heute ging
es darum, den Gegner zu vernichten, nicht ihn anzustarren.

„Hey, alles in Ordnung?"

Ryan griff nach meinem Arm, um mich von meinem
Beinahe-Sturz abzuhalten. Seine Haut an meiner schickte
eine Welle des Feuers meinen Arm hinauf und in meine bereits aufgewühlte Brust. Ich blickte auf und unsere Blicke trafen
sich.

„Ja, ich, äh, danke. Ich bin gestolpert. Mir geht's gut."

Er lächelte und behielt seine Hand auf meinem Arm,
als wir zur Hütte gingen – noch lange nachdem ich mich
aufgerichtet hatte und längsg keine Hilfe mehr benötigte. Ich
genoss seine Berührung, seine Hand, die mich nicht losließ.
In meinem Kopf drehte sich alles.

„Nimm deine Bälle", forderte Ryan und holte mich damit
aus meinem – was auch immer das war – heraus.

„Was? Meine -"

Er rollte mit den Augen und gluckste, dann griff er nach
einem Schläger und tat so, als würde er ihn schwingen, um

das Gleichgewicht zu messen oder so. Ich beobachtete, wie
er den Schläger mit geübter Leichtigkeit griff und schwang,
und wusste, dass mein Traum von einer grünen Jacke genauso
in Gefahr war wie der Gedanke, dass ich mich nicht zu Mr.
Sexy Brust hingezogen fühlte. Ich schnappte mir den ersten
Schläger, den ich sah, und einen blauen Ball.

Er fing an zu lachen.

„Was?"

„Ich weiß nicht, was lustiger ist: dass du den Kinder-
schläger nimmst oder dass du deine blauen Bälle in der Öffentlichkeit präsentierst."

Ich schaute nach unten. Der Schläger war klein. Nein, er
war winzig, dass er für ein Kind von sechs Jahren oder so
geeignet war. Dann schaute ich auf den Ball in meiner Hand
und verstand seinen Scherz.

„Ich will nur nicht, dass du übermütig wirst", erwiderte
ich und tauschte den Schläger schnell gegen eine Erwachse-
nenversion aus. Aus einer Laune heraus schnappte ich mir
einen schwarzen Ball und hielt ihn für ihn hoch. Er hob eine
Augenbraue. „Das ist ein Symbol für den Tod deines Stolzes,
Mr. Semi-Profi."

Er bellte ein Lachen: „Das werden wir ja sehen. Du weißt
ja nicht, worauf du dich heute eingelassen hast."

Er hatte keine Ahnung, wie wahr das war.

• • • • • • • • • • •

An zwei der ersten drei Löcher schlug Ryan ein Hole-in-One.
Wäre er nicht so süß gewesen, wäre das selbstgefällige Grinsen
auf seiner schiefen Lippe vielleicht sogar nervig gewesen. Er
wusste ganz klar, wie man mit einem Golfschläger umzuge-
hen hatte, und ich hatte das Gefühl, dass mir mein blödes
Gerede in den Hintern beißen würde – und zwar nicht auf
die lustige Art.

Zur Halbzeit, die Ryan als „die Wende" bezeichnete, lag er mit mehr als zehn Schlägen in Führung.

„Du kannst dich jederzeit geschlagen geben. Ich werde nicht schlecht von dir denken."

Ich rollte dramatisch mit den Augen und richtete meinen Schläger auf ihn. „Ich werde jetzt einen ganz anderen Weg mit diesem Schläger einschlagen, Mister. Du bist dran."

Er kicherte: „Ist da vielleicht jemand gereizt."

„Ich werd dir gleich zeigen, wer gereizt sein wird, wenn du nicht sofort weitermachst."

Er lachte und beäugte mich einen Moment lang, bevor er sich umdrehte, um seinen nächsten Schlag anzusetzen. Loch zehn beruhte auf blindem Glück. Es gab zwei Tunnel an der Seite eines künstlichen Berges. Der eine führte zu einem sehr wahrscheinlichen Hole-in-One. Der andere führte den Ball in eine Höllenlandschaft voller Hindernisse, darunter auch eine Wasserfalle, auf der in gruseliger Halloween-Schrift deutlich „Drei-Schläge-Strafe" stand. Der eigentliche Clou an diesem Ratespiel war, dass die Wege durch den Berg versteckt waren. Es gab keine Möglichkeit, den Parcours abzulaufen und zu sehen, welches Loch wohin führt.

Ich sehe dich kichern. Komm aus der Versenkung zurück!

Wie der unglückliche Kerl in *Indiana Jones und der Tempel des Todes*, wählte Mr. Göttlich Begabter Golfer schlecht. Er schlug seinen Putt und der Ball *huschte* durch das Loch auf der rechten Seite, ohne die Seiten zu treffen. Wir rannten um den Berg herum und kicherten wie Fünfjährige. Dann warteten wir ungeduldig darauf, dass der Ball in die Wüste des Todes plumpste, wo er an mehreren Hindernissen abprallte und sich dann seinen Weg zum Rand des Wasserhindernisses bahnte. Ryan bückte sich und tat so, als würde er darauf pusten, um den Ball ja trocken zu halten. Ich schimpfte über seine Mätzchen und hüpfte vor Freude, als der Ball endlich ins Wasser platschte.

„Plus drei! Das muss der Schiedsrichter aufschreiben." Ich führte einen Freudentanz auf, um es ihm unter die Nase zu reiben.

Er gab mir einen spielerischen Schubs. „Du liegst immer noch weit zurück, junger Mann. Geh und mach deinen Schlag."

„Ja, Dad."

Sein Schubs wurde daraufhin etwas weniger spielerisch.

„Aber, aber. Misshandle deinen viel jüngeren Gefährten nicht."

Ich hüpfte weg, bevor er den nächsten Schubs ausführen konnte.

Als Zweiter an diesem Loch zu spielen, war ein großer Vorteil. Ich tippte meinen Ball den linken Pfad hinunter und tanzte einen Jig, als er aus dem Berg fiel und direkt in den Becher rollte.

„Eins!"

Er klatschte mir ein wenig zu, indem er wie eine aristokratische Dame mit den Fingerspitzen gegen seine andere Handfläche klopfte. „Bravo. Wird auch Zeit, dass du es einmal schaffst."

„Oh, ich wärme mich gerade erst auf. All die anderen Löcher waren nur dazu da, damit du dich gut fühlst."

Und noch ein Stoß, dieses Mal mit einem Druck auf meinen Bizeps. Ich schaute von seiner Hand auf und sah, dass er anerkennend lächelte. Mir fiel kein einziges klugscheißerisches Wort mehr ein.

„Ich zeige dir mal, wie man sich aus einem Schlamassel befreit. Er drehte sich um und holte seinen Ball aus dem Getränk.

Fünf Schläge und einen weiteren Ausflug zum Teich später war das Ergebnis ausgeglichen.

„Ich glaube, wir haben jetzt ein Match, guter Sir." Ich grinste und drückte seinen Bizeps, so wie er es mit meinem getan hatte. Er regte sich nicht.

Verdammt. Also wirklich. *Verdammt.*

„Tu dir nicht weh", grinste er.

Wieder versagten mein Gehirn und mein Mund bei der Kommunikation. Ich stammelte etwas Unverständliches und ließ seinen Arm los – widerwillig.

Als wir das letzte Loch erreichten, lachte und schubste Ryan nicht mehr. Er machte nur noch ein Pokerface. Mir war schwindelig, weil ich immer noch mithalten konnte. Wir hatten uns nach dem Berg ein Hole-in-One nach dem anderen geliefert, so dass der Punktestand vor dem gefürchteten Clownsgesicht gleich war. Trotz meiner großen Worte hatte ich fest damit gerechnet, dass Ryan mich vom Platz fegen würde – aber ich hatte tatsächlich eine Chance zu gewinnen. Das würde er mir nie verzeihen.

Er ging in die Hocke und hob seinen Schläger, um sich die Lage des Platzes vor Augen zu führen.

„Das ist Minigolf, nicht die Meisterschaften", zwitscherte ich von der Seite.

„Pst. Ich arbeite hier drüben." Er drehte sich nicht um, aber ich konnte sehen, wie ein Lächeln seine ernste Haltung durchbrach.

Nach dem längsten nicht vom Caddie unterstützten Vor-putt in der Geschichte des Golfsports schlug er ab. Der Ball rollte perfekt in die Mitte des Rasens, verfehlte gekonnt die Segel der Windmühle und landete direkt im klaffenden Kiefer des Clowns.

„Hole-in-one! Topp das!", rief Ryan und hob den Schläger zum Gruß an die Menge, die sich nicht versammelt hatte.

Ich ignorierte die offensichtliche sexuelle Anspielung, die mir auf der Zunge lag, und versuchte, selbstbewusst zu wirken, als ich zum Abschlag schritt. Er berührte mit sein-er Schulter meine, als er sich zum Zuschauen bewegte. Ein Hauch von süßem Parfüm verstärkte das Gefühl sein-er Berührung. Ich kämpfte gegen eine Ohnmacht an und konzentrierte mich auf die sich drehende Windmühle.

Um ein Klugscheißer zu sein, ging ich in die Hocke und machte es ihm nach, obwohl ich keine Ahnung hatte, wonach ich suchte. Er grunzte – oder lachte, ich konnte es nicht genau erkennen. Ich richtete mich wieder auf, holte langsam aus und schlug zu. Er rannte neben mir her und sah zu, wie mein Ball der gleichen perfekten Linie folgte, die sein Ball kurz zuvor zurückgelegt hatte – und dann gegen eines der Windmühlensegel prallte und zur Seite sprang. Er dribbelte zurück auf das Grün und kam einen Meter vor uns zum Stillstand.

Blöder Verräterball.

Mein Kopf sank dramatisch und Ryan rieb mir tröstend die Schulter.

„Schon gut, schon gut. Du hast dich gut geschlagen.“

„Bis zum letzten Loch.“ Ich grinste zu ihm hoch. „Ich wette, du hättest nicht gedacht, dass es so knapp wird.“

Er schüttelte den Kopf: „Das habe ich wirklich nicht.“

Wir liefen um den bösen Clown und seine heimtückische Windmühle herum zur Hütte, um unsere Schläger zurückzugeben. Die Sonne schien hell von einem kristallklaren Himmel. Wir blinzelten in das grelle Licht.

„Also ...“, begann er.

Wir gingen von der Hütte weg in Richtung des Parkplatzes. Ich wartete ab, ob er fortfahren würde.

„Das war ein Riesenspaß.“

„Ja, das war es“, stimmte ich zu.

Er blieb stehen. „Willst du etwas zu Mittag essen? Ich glaube, drinnen gibt es ein Restaurant.“

„Klar. Wer hätte gedacht, dass Golf so viel Hunger macht?“

„Es ist ein Hochleistungssport“, erklärte er.

Ich rollte mit den Augen und grinste: „Stimmt, besonders mit Clowns und Windmühlen.“

„Nur weil du Zweiter geworden bist -“

„Daran wirst du mich noch jahrelang erinnern, oder?“

„Wenn du Glück hast“, grinste er.

Ich riss den Kopf hoch. Ich dachte nicht, dass er das, was da herausgekommen war, ernst meinte. Er hatte nur gescherzt und mich geneckt, aber er hatte es gesagt. Seine Augen verrieten mir, dass er wusste, was er gesagt hatte, und dass er sich nicht dafür entschuldigen würde.

Da ich nicht mehr denken konnte, sagte ich das Einzige, was mir in den Sinn kam. „Mittagessen?"

KAPITEL 15

POOL PARTY

Wir schlenderten durch den Eingang des Vergnügungskomplexes und wurden von den Bing- und Bong-Geräuschen der Videospielhalle am anderen Ende des riesigen Raumes begrüßt. Eine Linkskurve führte uns in ein Restaurant, das wie ein Café aus den 1950er Jahren eingerichtet war, mit glatten Kunstlederstühlen, die mit hochglanzpoliertem Silber umrahmt waren. Aus knisternden Lautsprechern ertönte schwungvolle Musik.

Das Licht war gedämpft, bis auf einen winzigen Bereich mit vier Tischen, die von Neon-Wanddekorationen hell erleuchtet waren. Das einzige Lebenszeichen in dem Lokal war eine einsame Kellnerin, die über ein Buch mit Eselsohren gebeugt am Tresen stand. Sie bemerkte nicht, wie wir hereinkamen, und Ryan musste sich vor sie stellen, um ihre Aufmerksamkeit zu erregen, was die arme Frau erschreckte. Seine Schultern zuckten vor Lachen, als sie fast aus ihrer rosa Schürze sprang. Ihr Buch flog auf den Boden und ich grinste, als Ryan sich hinkniete, um es aufzuheben – sowohl wegen der Art, wie sich seine Lenden und Trizeps in seinem knappen

Tank anspannten, als auch wegen seines einfachen Akts der Ritterlichkeit.

Hähnchensandwiches und Pommes frites schienen das Sicherste auf der Speisekarte zu sein, und obwohl wir die einzigen Gäste waren, dauerte es quälend lange, bis sie kamen. Wir bemerkten es jedoch kaum. Wir unterhielten uns, als ob wir uns schon ein Leben lang kennen würden. Eine Geschichte führte zu einer Erinnerung oder einem schnippischen Spruch, der dann direkt in eine andere Geschichte, eine Frage oder einen Gedanken mündete. Mit Ryan zusammen zu sein war einfach und fühlte sich ... gut an.

Machte das bei einem zweiten Date überhaupt Sinn? War ich völlig verrückt?

„Ja, das bist du“, sagte der Engel auf meiner Schulter, diesmal in einem weißen Polo Shirt mit einer weiß-weiß karierten Golfhose, wie sie in den 1930er Jahren beliebt gewesen war. „Aber sich zu verlieben ist einfach verrückt, Michael. Es ist wunderschön verrückt, und du wirst es nie verstehen. Genieße einfach den Moment und folge deinem Herzen.“

Ich war schockiert, als ich die Ermutigung von dem hörte, der normalerweise an meiner Leine zerrt.

Dann erschien der Teufel auf der anderen Schulter, gekleidet in engem, glänzendem Kunstleder und High Heels. Seine Peitsche knallte gegen meinen Hals.

„Hey!“

Er grinste: „Halt die Klappe und hör zu. Ausnahmsweise hat dieser engelsgleiche Schwätzer mal recht – aber dieser Typ hat mehr zu bieten als heiße Titten und Arme. Irgendetwas stimmt da *nicht*, und das gefällt mir. Ziehen wir ihn aus.“

„Langsam“, mahnte der Engel und stieß mich mit einem kleinen Golfschläger, den ich nicht gesehen hatte. „Lass dir Zeit. Wenn er recht hat, wird er auch morgen noch recht haben. Genieße einfach den Ritt.“

„Ha. Er hat ‚Ritt‘ gesagt. Das ist *genau* das, was du tun sollst.“

Ich schüttelte meinen Kopf und die lästigen, kleinen Trolle verschwanden. Als ich aufblickte, starrte mich Ryan mit einem verwirrten Lächeln an.

„Penny", sagte er.

„Hm?"

„Für deine Gedanken. Du warst für eine Sekunde weg. Das erste Mal heute."

Meine Lippen zogen sich daraufhin nach oben.

„Tut mir leid, die Stimmen in meinem Kopf streiten sich manchmal und ich muss sie unterbrechen."

Er lachte über etwas, von dem er annahm, dass es ein Scherz war. Irgendwo in meinem Hinterkopf hörte ich auch den Teufel lachen.

Ryan griff über den Tisch. Bei seiner ersten richtigen Berührung zuckte ein Blitz von meinen Fingern zu meiner Seele. Er nahm meine Hand in seine beiden.

„Ich mag deine Stimmen, Michael Reed. Alle von ihnen." Seine kristallenen Augen starrten mich an, und ich spürte, wie das Café kippte.

Was konnte man dazu überhaupt sagen?

Ich lächelte schwach und schaute auf unsere Hände hinunter. „Danke. Ich auch. Ich meine, ich mag meine eigene Stimme nicht, oder Stimmen. Na ja, ich mag sie. Manchmal sind sie lustig, aber das habe ich nicht gemeint. Ich mag deine Stimme. Das habe ich gemeint."

Seine Lippen öffneten sich und seine Augen lächelten noch breiter, falls es so etwas überhaupt gab. Ich konnte nicht sagen, ob er sich mehr über mein Gestammel amüsierte oder ob er sich freute, dass wir auf derselben Wellenlänge zu sein schienen. Ich hoffte, dass es letzteres war.

Er lehnte sich zurück und löste seine Hände von meinen. Es fühlte sich an, als ob die Welt aus meinem Griff gerissen worden wäre.

Die Kellnerin kam, und Ryan bestand darauf, das Mittagessen zu bezahlen. Es war jetzt etwa zwei Uhr, und ich dachte, dass wir uns nun verabschieden würden.

Ich war noch nicht bereit, mich zu verabschieden.

„Magst du Poolbillard?", fragte er mit Schalk in seiner Stimme.

Ich legte den Kopf schief. „Äh, klar. Ich denke schon."

Er zeigte auf die andere Seite des Cafés. „Da drüben ist ein Tisch. Ich bin ziemlich gut, aber wer weiß? Vielleicht hast du ja Glück. Hast du Lust auf eine kleine Rache nach dem Golfspiel?"

Er hatte sich nicht verabschiedet.

Ich fühlte mich wie ein Zehnjähriger, der in einen Spielzeugladen ging. Es war fantastisch.

„Los geht's. Ich schulde dir und dem Clown etwas."

Er lachte: „Oh, jetzt mache ich also gemeinsame Sache mit dem Clown? So ist es also abgelaufen?"

„Der Clown, der Junge mit den Schlägern, so ziemlich jeder da drüben war auf deiner Seite. Ich hatte Glück, dass es nicht noch schlimmer für mich ausgegangen ist. Jetzt bist du auf dich allein gestellt, Freundchen. Nur du, ich und die Bälle."

Er lachte wieder, als ich viermal rot anlief.

„Die *Billardkugeln*, dreckiger Mann."

„Vergiss nicht meinen riesig langen Queue. Du kannst die Spitze ankreiden, wenn du willst."

Ich verpasste einen Schritt und die Röte wurde noch intensiver. Was zur Hölle? Ich war an einen Bettpfosten gefesselt worden, ohne rot zu werden. Warum verwandelten mich die schrecklichen Anspielungen dieses Typen in einen stümperhaften Schuljungen? Jedes Mal, wenn ich rot wurde, *ermutigte* ihn das, wie einen Vampir, der Blut witterte.

Im Laufe von fünf Partien Billard flogen die sexuellen Anspielungen schneller als die Kugeln. Ich bin mir ziemlich sicher, dass ich die ganze Zeit gelacht habe und rot geworden bin.

Aber ich habe gewonnen.

„Das macht drei zu fünf, mein guter Sir. Gestehst du deine Niederlage ein oder sollen wir weitermachen?" Ich verbeugte mich dramatisch wie ein Lehnsmann, der seinen Herrn begrüßte.

Er rüttelte an seinem Stock und schaute auf seine Uhr. „Wow."

„Was?"

„Es ist fünf Uhr. Wir sind schon fast seit der Eröffnung des Ladens hier. Ich sollte wohl nach Hause gehen."

In seiner Stimme lag ein seltsamer Hauch, der gleiche, den ich auch in seinen Sofortnachrichten wahrgenommen hatte. Er sagte *nichts* – und das fühlte sich wichtig an.

„Hast du später ein heißes Date?", drängte ich ihn spielerisch.

Er grinste und schüttelte den Kopf: „Nein, ich habe nur etwas zu Hause zu tun."

Wir packten die Bälle zusammen und gingen an der Geräuschkulisse der Spielhalle vorbei hinaus an die frische Luft des Parkplatzes. Als wir unsere Autos erreichten, lehnte sich Ryan gegen sein Auto und steckte seine Hände halb in die Taschen.

Eine perfekt rosa Brustwarze lugte aus seinem Tank-Top hervor. Ich konnte nicht aufhören, sie anzustarren.

Er blickte nach unten und mir wurde klar, was er vorhatte. Mit einem Grinsen zog er sein Tank-Top gerade so weit zurück, dass die Hälfte seines unglaublich gewölbten Brustkorbs zu sehen war.

Ich konnte immer noch nicht wegsehen. *Verdammt!*

Sein Grinsen verwandelte sich in ein Glucksen. „Das war eines meiner besten Dates überhaupt", platzte er heraus.

Widerwillig riss ich endlich meinen Blick von ihm los. „Meins auch. Ich hatte einen Riesenspaß."

„Selbst bei der Niederlage?"

„Hey, ich habe beim Billard gewonnen. Das ist viel anspruchsvoller als ein falsches Golfspiel."

Er lachte: „Wenn dir Minigolf nicht gefällt, können wir auch auf einem richtigen Golfplatz weitermachen."

Ich schüttelte den Kopf: „Nein. Das passt schon. Ich könnte vielleicht dein ein guter Taschen Junge für dich sein, aber das war's auch schon."

„Taschen Junge? Du meinst Caddie?"

„Oh ja, Caddie. Richtig." Idiot. Ich wurde wieder rot.

Er streckte seine Hand aus und strich mit seinen Fingern leicht über meinen Arm. Meine Haut kribbelte und ich erschauderte.

„Ich würde dich gerne wiedersehen. Ist das okay?"

„Das würde ich auch sehr gerne."

„Ich würde dich ja küssen, aber wir sind auf einem öffentlichen Parkplatz." Er schaute sich vielsagend um.

Für euch befreite Schwule, die gerne in der Öffentlichkeit Händchen halten und sich küssen, das war nicht immer eine Option. Man konnte ein Ei oder noch schlimmer, einen Baseballschläger abbekommen oder zumindest ein paar harte Worte. Selbst als Ryan über den Tisch gegriffen und meine Hand genommen hatte, hätte das in den meisten Gegenden der Stadt mehr als nur ein paar Stirnrunzeln hervorgerufen. Wir hatten Glück gehabt, dass unsere gelangweilte Kellnerin ein Regenbogentattoo auf der Innenseite ihres Handgelenks getragen und uns kaum eines Blickes gewürdigt hatte.

Unsere Augen blieben einen langen Moment lang aneinander haften. Es fühlte sich an wie eine Umarmung, so intim war dieser Blick.

„Alles klar. Sehe ich dich später online?", fragte er.

„Klar. Fahr vorsichtig", antwortete ich, als er in sein Auto stieg.

Seine Tür schlug zu, dann klappte sein Fenster herunter. „Machst du dir schon Sorgen um mich?", erkundigte er sich mit einem schelmischen Grinsen.

Ich wollte etwas Witziges erwidern, aber mein Mund funktionierte nicht, also grinste ich einfach nur und winkte wie ein Idiot. Er zwinkerte mir zu und ich sah ihm zu, wie er wegfuhr, bis sein Auto hinter dem Gebäude verschwand.

KAPITEL 16

ABENDROT

Als ich nach Hause kam, versuchte ich produktiv zu sein und schaffte es sogar, die Küchentheke abzuwischen. Eine Stunde später stapelte sich das Geschirr immer noch in der Spüle und die schmutzige Wäsche lag in einer Ecke meines Schlafzimmers.

Meine Wangen taten weh von dem unerträglichen Grinsen, das im Laufe des Abends immer breiter geworden war. Ich konnte mich kaum beherrschen. Der arme Wohnzimmerteppich, der verzweifelt versuchte, meinem hektischen Treiben zu entgehen, lag flacher als ein Hundeohr. Wenn ich die Augen schloss, sah ich nur Ryans Lippen, seine perfekten Zähne und seine Brustwarze, die aus seinem Tanktop hervorlugte und mich neckte. Das brachte mehr als nur mein Herz zum Pochen.

Völlig aufgelöst und unfähig, mich auch nur auf die einfachste Aufgabe zu konzentrieren, warf ich den Lappen auf den Tresen und hüpfte durch den Raum. Dwayne nahm meinen Anruf nach einmaligem Klingeln entgegen. Ich bat ihn, kurz dranzubleiben und drückte dann, ohne seine Antwort abzuwarten, den Knopf, um eine dritte Person hinzuzufügen. Ich hatte noch nie ein Drei-Personen-Telefonat geführt und ich hoffte, dass ich ihn nicht einfach verloren hatte. Es dauerte drei Klingelzeichen, bis Connie endlich abnahm. Dann hielt ich den Atem an und drückte erneut auf den Knopf, um uns alle im Telefonglück zu vereinen.

Ich setzte mich auf die Couch und holte tief Luft. „Dwayne, bist du da?“

„Ich bin hier.“

„Connie?“

„Hi, Barriere“, ertönte ihre kecke Stimme durch den Hörer.

„Sehr witzig. Connie, das ist Dwayne. Dwayne, Connie.“

„Hi, Connie“, antwortete Dwayne. „ Es ist entweder sehr gut oder sehr schlecht, dass er uns beide braucht.“

Connie kicherte: „Er ist viel zu quirlig, als dass es schlecht sein könnte – was bedeutet, dass das hier bestimmt saftig wird.“

Dwayne schnaubte.

„Seid ihr beide fertig?“

„Tut mir leid, ich habe vergessen, dass es hier nur um dich geht“, scherzte Dwayne spielerisch.

„Na los, Kleiner. Raus mit der Sprache. Was hast du getan?“ Connie nahm einen leicht sarkastischen, mütterlichen Ton an.

„Ich bin *mag* ihn *sehr gerne*. Dieser ist etwas ganz Besonderes. Ich meine -“

„Warte mal. Noch mal zurück. Über wen reden wir hier eigentlich?“, wollte Dwayne wissen.

„Warst du bei deinem Golf Date mit Ryan?“ Connies Stimme klang fröhlich und aufgeregt, eigentlich wie immer.

„Er heißt Ryan, und ja, ich bin gerade von unserem Date nach Hause gekommen.“

„Gerade nach Hause gekommen? Habt ihr euch nicht heute Morgen gegen elf Uhr mit ihm getroffen?" Ich konnte Connie grinsen hören.

„Wer ist Ryan?", wunderte sich Dwayne.

„Ich fühle mich wie ein Tischtennisball", erklärte ich.

„Warte, ich dachte, du hättest gesagt, dass du mit ihm Golf gespielt hast." Jetzt klang Dwayne verwirrt.

Connie kicherte.

„Also gut, ihr zwei. Ich erzähle euch meine Geschichte und dann könnt ihr mich mit Fragen löchern. Ich habe gewusst, dass es eine schlechte Idee war, euch beide gleichzeitig anzurufen."

Connie lachte wieder: „Ich glaube, das ist das Beste, was du heute gemacht hast – es sei denn, du hattest Sex. Das wäre definitiv das Beste, vor allem wenn man bedenkt, als wie groß du Ryans -"

„Ich hatte keinen Sex!" Connie stieß bei dieser Aussage ein spöttisches Wimmern aus. Ich war völlig außer Atem, dabei hatte ich kaum noch etwas gesagt.

„Aber er hat einen großen Schwanz?", mischte sich Dwayne nun wieder ein, der zweifellos merkte, wie aufgeregt ich war und jeden Moment genoss.

Ich stieß ein Schnaufen aus: „Ich habe keine Ahnung, wie groß sein Schwanz ist. Ich habe ihn noch nie gesehen, außer durch seine extrem engen Jeans."

„Hab ich doch gesagt!" Connie wurde wieder munter.

„Ja, das hast du." Ich konnte mir das Lächeln nicht verkneifen, das sie entfachte. „Hier ist die Kurzversion. Wir haben uns zum Minigolfspielen getroffen. Das hat Spaß gemacht, auch wenn er mit dem letzten Schlag gewonnen hat. Dann hat er vorgeschlagen, dass wir im Café des Komplexes essen gehen. Nach etwa einer Stunde hat er mich zu einer Partie Billard herausgefordert, die wir ein paar Stunden lang gespielt haben. Dann hat er gemerkt, dass wir schon den ganzen Tag dort waren und hat sich auf den Weg machen müssen. Wir haben uns auf dem Parkplatz verabschiedet und ich habe zugesehen, wie er weggefahren ist. Das war's."

„Hast du die ganze Unterhaltung nicht mit 'Ich werde ihn heiraten' oder einem anderen Unsinn begonnen?", fragte Dwayne.

„Ja, hat er dir auf dem Parkplatz einen Antrag gemacht? Wann ist die Hochzeit? Und wann sehen wir

seinen -"

„Connie!"

„Warte. Hat er dir einen Ring geschenkt? Ich kann es kaum erwarten, ihn zu sehen! Ist er riesig? Oder bekommst du stattdessen einen mit Diamanten besetzten Penisring? Ich weiß nicht, wie das Schwulenprotokoll für einen Antrag aussieht. Ich würde aber gerne sehen, wie du ihn anprobierst."

„CONNIE!"

Dwayne kicherte jetzt unkontrolliert. Es war hoffnungslos.

Ich stand auf und begann auf und ab zu gehen, wobei ich die Grenzen des Telefonkabels auslotete.

„Ich weiß nicht, woher ich das weiß. Ich weiß es einfach. Ryan ist unglaublich. Wir haben stundenlang geredet und gelacht, ohne dass es jemals eine peinliche Pause oder so gegeben hat. Es fühlte sich an, als würden wir uns schon seit Jahren kennen, als wären wir füreinander *bestimmt*. Ich weiß, das hört sich verrückt an, aber ich kann mich nicht erinnern, dass ich das jemals zuvor gefühlt habe."

„Auch nicht mit Carter?", wagte Dwayne zu fragen.

Noch vor einer Woche hätte dieser Name jede mögliche Überschwänglichkeit gedämpft. Nach unserer Trennung hatte es Wochen gedauert, bis ich über Carter und die Jungs sprechen hatte können, ohne zusammenzubrechen. Er war so besonders gewesen, wie es nur eine erste Liebe sein kann, und diese Jungs waren einfach die *Größten* gewesen.

Aber heute, nach dem magischsten, traumhaftesten Date aller Zeiten, gab es keine Decke, die nass genug war, um meine Aufregung zu dämpfen.

„Carter war anders. Er war mein erster, und ich habe nicht gewusst, was ich da tue."

„Und jetzt weißt du es?", drängte Dwayne weiter.

„Nein, nicht wirklich", gab ich zu. „Aber ich *weiß*, dass das hier anders ist. Alles fühlt sich anders an. Ich habe mich gerade erst von Ryan verabschiedet und alles, woran ich denken kann, ist, wieder mit ihm zu reden."

„Hm", grunzte Dwayne.

„Hä, was? Das ist nie gut."

„Reden? Das ist es, was du wieder mit ihm machen willst?"

„Ja, ich habe das Gefühl, dass ich schon so viel über ihn weiß, seit wir online gechattet haben, aber jedes Mal, wenn wir reden, lerne ich noch so viele neue Dinge. Es ist, als würde ich das schönste, lustigste und frechste Geschenk immer wieder neu auspacken – und jedes Mal ist es ein bisschen anders und besser."

„Dwayne?" Connie meldete sich endlich wieder zu Wort.

„Ja?"

„Das ist schlecht. Das weißt du doch, oder? Wir brauchen vielleicht eine Intervention", erklärte sie.

„Intervention? Wovon sprichst du?", fragte ich.

Ohne mit der Wimper zu zucken, antwortete Connie: „Er will mit einem anderen schwulen Mann *reden*, und er hat noch nicht einmal gesehen, wie groß sein -"

„Connie!"

„- Schwanz ist." Sie ließ sich *nicht* beirren. „Und das von einem Mann, der die Gelenke in seinem Nacken ölen muss, weil er so viel herumwirbelt. Bist du jemals mit ihm irgendwo hingefahren?"

Dwayne lachte.

Ich konnte keine Worte finden.

„Ich meine, wirklich – so lange es männlich ist und auch nur einen Hauch von Haut zeigt, ist Periskop-Michael voll und ganz dabei. Wir können kaum fünfzig Meter weit gehen, ohne dass er schreit: 'Oh, sieh dir den an' oder 'Hast du den gesehen?'„

„Ich kann nicht anders -"

„Zttt." Sie brachte mich zum Schweigen. „Lass die Erwachsenen reden."

Dwayne brach in einen Lachanfall aus und schnaubte durch das Telefon.

„Irgendetwas Verdächtiges geht mit diesem Ryan vor sich", fuhr Connie fort. „Nicht ein einziges Mal hast du in diesem Gespräch über seine Arme, seine Brust oder seinen Hintern gesprochen – oder irgendetwas anderes Körperliches. Das sieht dir gar nicht ähnlich, Michael Reed. Ich hätte sogar nicht gedacht, dass das überhaupt möglich ist. Wenn ich es nicht besser wüsste, würde ich vorschlagen, dass wir sofort in die Notaufnahme fahren, um deinen Kopf untersuchen zu lassen. Ich fürchte, du bist verknallt, und das ist eine sehr ernste Sache."

Ich stieß einen verärgerten, leicht amüsierten Seufzer aus. „Das *versuche* ich euch ja schon die ganze Zeit sagen."

KAPITEL 17

LASST DIE SPIELE BEGINNEN

Ich legte den Hörer auf, hin- und hergerissen zwischen dem Schwindelgefühl, das von meinem Date herrührte, und dem ständigen Glucksen über das Gespräch mit Connie und Dwayne. Jeder der beiden konnte mir ein Lächeln ins Gesicht zaubern. Zusammen waren sie eine Naturgewalt. Aber sie liebten mich beide und wollten nur, dass ich glücklich war. In Dwaynes Fall ging die Bevormundung vielleicht noch einen Schritt weiter in Richtung 'was war das Beste für mich', aber das Prinzip war das gleiche. Sie waren die besten Freunde – nein, die beste Familie, die ich mir vorstellen konnte. Ich hatte Glück, sie in meinem Leben zu haben.

Mein Magen knurrte und mir wurde klar, dass es schon längst Zeit zum Abendessen war. Nach einer deprimierenden Suche in meiner spärlich ausgestatteten Küche fuhr ich zum wohlverdienten chinesischen Imbiss. Nichts sagte so sehr „tolles Date" wie Krabben Wan-Tans.

Dreißig Minuten später saß ich in meinem Wohnzimmer, ohne zu wissen, was im Fernsehen lief, versunken in Cashew-Hühnchen und Tagträumen von Ryan, der sich beim Minigolfen bückte. Ich schloss die Augen und genoss einen Bissen. Die Kurve seiner strammen Lenden, die aus seinem Tanktop herausschaute, ließ mich erschaudern. Mein geistiges Auge wanderte zu seiner entblößten Brust und dem glitzernden Schweiß, den mein Bewusstsein zuvor nicht wahrgenommen hatte. Offensichtlich hatte mein Unterbewusstsein ein besseres Auge für Details. Ich wollte diesen Schweiß so gerne ablecken. Ich konnte das Salz förmlich schmecken.

Warte, das war eine Cashewnuss.

Ich warf mich zurück auf die Couch und merkte, dass ich schon bei der Vorstellung von Ryan einen Steifen bekommen hatte. Das passierte *nie*. Mein Motor musste erst angeheizt – und berührt – werden, bevor er zum Leben erwachte. Die Vorstellung, dass ein Bild, egal ob mental oder anderweitig, Klein Michaels volle Aufmerksamkeit erregen konnte, war mir neu. Aus dummer Echsenhirn-Neugierde knöpfte ich meine Jeans auf und zog den Reißverschluss herunter. Und siehe da, Klein-Michael kam schneller zum Vorschein als ein Jack-in-the-Box. Ich gluckste bei diesem Gedanken und erkannte dann die Doppeldeutigkeit von *Jack*.

Das machte mich noch härter.

Je härter ich wurde, desto mehr musste ich an Ryan denken.

Meine Hand, die noch fettig von den Wan Tans war, streifte die Spitze meines Penis. Er bebte. Ich schloss die Augen und stellte mir Ryan vor, wie er ging, sich bückte, streckte und dehnte. Sein Tank-Top wehte in der Brise. Ein Windstoß kam auf und irgendwie – so wie unerklärliche Dinge in Träumen eben passieren – verschwand es, sodass er mit nacktem Oberkörper und dem Putter in der Hand dastand.

Ich hatte meinen Putter auch in der Hand. Schlag um Schlag.

Ich beobachtete, wie er den Schaft seines Schlägers umklammerte und wieder losließ, wie seine Hände auf und ab glitten. Er kniete sich hin, um seinen Schlag auszurichten, und seine Jeans umspielte seinen perfekt runden Hintern. Sein blondes Haar wehte in der Brise und ich konnte seinen Duft riechen, eine köstliche Mischung aus Schweiß, Hitze und irischem Frühling. Verdammt, diese Leprechauns wussten, wie man Seife herstellte.

Zufrieden stand er auf und fummelte mit seinen Fingern an der Keule herum, rieb sie, machte sie zu seiner. Diese Keule gehörte ihm. Ich spürte, dass er sie besaß. Ich spürte, dass er mich besaß, mich wollte, mich liebte. Er brauchte mich. Ich wusste es. Er musste mich haben, um mich zu streicheln, um zu streicheln -

Dann, ohne Vorwarnung, schlug er ab, und der Ball schoss durch den Mund – ich meine, das Gesicht – des Clowns ins Loch.

Verdammt!

Ich hatte voll in mein Cashew-Hühnchen getroffen.

Wenn mich die Szene in meinem Kopf nicht so erregt hätte, wäre ich über die Entweihung meines Lieblingsgerichts entsetzt gewesen, aber das war es wert gewesen. Ryan hatte es vielleicht nicht bemerkt, aber wir waren gerade zum ersten Mal zusammen gewesen.

Gut, es war nur in meinem Kopf, aber auf meine eigene seltsame Art und Weise gestand ich mir ein, wie sehr ich diesen Kerl mochte.

Connie hatte Recht. Ich war *verknallt*.

Ausgelaugt, geistig und körperlich, kehrte mein Geist in die Gegenwart zurück. Ich starrte an die Decke, grinste wie ein Idiot und wünschte, Ryan wäre da, um wirklich abzuschießen.

Such dir eine Unterstellung aus. Ich wollte sie alle, so lange sie seine waren.

· · · • · • · · ·

SAMSTAG 21:51

HEY DU. ICH HATTE HEUTE WIRKLICH EINE TOLLE ZEIT. EIGENTLICH WOLLTE ICH NUR EINE SCHNELLE RUNDE MINIGOLF SPIELEN, ABER ICH KONNTE ES NICHT ERTRAGEN, DASS WIR SO SCHNELL WIEDER GETRENNTE WEGE GEHEN HÄTTEN SOLLEN. DANKE, DASS DU MIR EINEN GANZEN TAG GESCHENKT HAST. DU HAST ÜBRIGENS SUPER SEXY AUSGESEHEN.

ICH MUSS MORGEN AUS BERUFLICHEN GRÜNDEN DIE STADT VERLASSEN UND WERDE DIE GANZE WOCHE WEG SEIN. SEHEN WIR UNS NÄCHSTES WOCHENENDE? VIELLEICHT ZUM ABENDESSEN? BILLIARD-REMATCH, DA DU MEINE HOFFNUNGEN UND TRÄUME ZERSTÖRT HAST?

LASS UNS DIESE WOCHE ONLINE RE-
DEN, WÄHREND ICH WEG BIN.

ICH DENKE AN DICH (UND LÄCHLE).

RYAN

Ich weiß wirklich nicht, wie lange ich auf den Bildschirm
starrte und jedes Wort dieser E-Mail in mich aufnahm. Das
alberne Grinsen verschwand nicht aus meinem Gesicht. Ryan
hatte an mich gedacht und wollte mich wiedersehen. Das
ließ mein Herz auf Hochtouren schlagen. Das war real. Ich
bildete mir das nicht einfach nur ein. Dieser unglaubliche,
witzige, kluge, erfolgreiche und wahnsinnig heiße Typ -mit
vollen Lippen – mochte mich.

Ich grinste noch breiter, als ich an seine Unterlippe dachte,
die vor ihm aufragte. Als wir uns das erste Mal getroffen hatten, war mir das wie ein lästiger Makel vorgekommen, der von
seinen anderen, köstlichen Eigenschaften ablenkte. Als ich
jetzt diese Lippe vor meinem geistigen Auge sah, wurde mir
ganz warm ums Herz. Sie war süß. Sie war ein Teil von ihm,
etwas, das kein anderer hatte. Ich wollte diese Lippe küssen.

„Scheiße, bist du echt kitschig", murmelte ich und gluckste
über meine eigene Schnulzigkeit. „Aber du kannst ihn doch
nicht mit so einer tollen E-Mail hängen lassen. Wie antwortet
ein verliebter Welpe, ohne so … verknallt zu klingen?"

SAMSTAG 22:02

HALLO DU ZURÜCK.

HEUTE WAR EINES DER BESTEN DATES, DIE ICH JE HATTE. WIRKLICH. DAS MINIGOLFEN WAR DER HAMMER (AUCH WENN DU BEIM LETZTEN SCHLAG GESCHUMMELT HAST *KICHER*), UND AUCH ALLES ANDERE HAT SUPER VIEL SPASS GEMACHT. ICH KANN IMMER NOCH NICHT GLAUBEN, DASS UNS NIE DER GESPRÄCHSSTOFF AUSGEHT. IST DAS NORMAL?

AUF WELCHE ART VON GESCHÄFTSREISE GEHST DU? WO WIRST DU SEIN? NEUGIERIGE GEISTER ...

JA, LASS UNS NÄCHSTES WOCHENENDE ZUSAMMEN ESSEN GEHEN. UND JA, LASS UNS IM UND MAILEN. DU BRINGST MICH ZUM LÄCHELN.

OH, HABE ICH SCHON ERWÄHNT, DASS DAS TANK TOP IN DIE RUHMESHALLE DES DATES AUFGENOMMEN

WURDE? DANK DIR HATTE ICH DIE GANZE NACHT UNANSTÄNDI-GE GEDANKEN. WIRKLICH UNANSTÄNDIGE GEDANKEN. DU RUINIERST DIESES RECHTSCHAF-FENE PK, MISTER *GRINS*.

GENUG DAVON. ICH WÜNSCHE DIR EINE TOLLE REISE. ICH FREUE MICH DARAUF, DICH NÄCHSTE WOCHE ZU SEHEN.

M

Als ich meine E-Mail zum dritten Mal nach dem Absenden las und über meine eigene Cleverness kicherte, verkündete Mr. AOL: „E-Mail für dich".

Ryan hatte geantwortet.

Ich verwandelte mich in ein dreizehnjähriges Mädchen, das zum ersten Mal in der Schule verknallt war, hüpfte aus meinem Stuhl und vollführte einen seltsamen Freudentanz, bevor ich mich wieder auf den Stuhl fallen ließ. Ich saß mit den Füßen unter meinem Hintern und lehnte mich zum Bildschirm – als ob seine Nachricht herausspringen und mich küssen würde oder so.

SAMSTAG 22:03

DU HATTEST UNANSTÄNDIGE GEDANKEN WEGEN MIR? ICH LIEBE DAS. WARUM TUST DU NICHT ETWAS DAGEGEN? MACH DEN REISSVERSCHLUSS AUF UND KÜMMERE DICH UM DICH, WÄHREND DU AN MICH DENKST. DAS WÄRE SO HEISS.

ICH BIN EIN SKORPION. ICH MAG ES HEISS UND HART. WAS SOLL ICH SAGEN?

VIEL SPASS MIT DIR SELBST!

RYAN

Ich musste lachen, als ich seine Nachricht las. Wenn er nur gewusst hätte, was ich in seinem Namen schon mit meinem armen chinesischen Imbiss gemacht hatte ...

KAPITEL 18

LASS DOCH DAS THINK!ING

Als sich die Blätter in Atlanta zu färben begannen, fühlten sich die Tage bei Think! wie ein einziger langer Kampf an. Ted war ein reizbarer Chef, und sein Kader von Ja-Sagern stellte sein heiliges Wort selten in Frage. Connie und ich waren eingestellt worden, um die Kultur in den Verkaufs- und Rekrutierungsteams zu verändern, aber Ted untergrub unsere Fortschritte, indem er lächerliche Vorschriften erließ, die auf falschen Informationen oder Kurzschlussreaktionen beruhten.

„Du wirst nicht glauben, was Seine Majestät heute getan hat."

Connie hielt sich den Mund mit einem Finger zu. „Pst. Nicht so laut."

„Tut mir leid", flüsterte ich. Wir saßen in meinem Büro, aber sie hatte nicht ganz Unrecht. Die Wände waren dünn.

„Er hat mein ganzes Team zum Stehen gebracht."

Sie runzelte eine Braue. „Stehen? Du meinst, aufstehen?"

„Ja, und stehen *zubleiben*. Er hat erklärt, dass er sich die Nummern der ausgehenden Anrufe angesehen hat und nicht zufrieden ist. Er findet, dass das Team beim Telefonieren zu nachlässig ist."

„Er hat sie also gezwungen, aufzustehen? Das ergibt doch keinen Sinn."

„Er hat sie nicht nur gezwungen aufzustehen. Er hat ihnen die Stühle für den ganzen Vormittag weggenommen – von acht Uhr bis zum Mittagessen. Sie mussten wählen und sprechen, während sie an ihren Tischen gestanden sind."

Ihr fiel die Kinnlade herunter. „Du machst Witze."

„Nein. Willst du wissen, wann ich von dieser kleinen Übung in Idiotie erfahren habe?"

„Oh-oh."

„Der Verkehr war heute Morgen ein Chaos und ich war ein paar Minuten zu spät. Als ich rein gekommen bin, waren schon alle auf den Beinen. Du hättest die Blicke sehen sollen, die mir zugeworfen wurden, als ich den Verkaufsraum betreten habe."

„Sie geben *dir* die Schuld? Du warst nicht einmal hier, als er das getan hat."

Ich zuckte mit den Schultern. „Ich weiß nicht, ob sie mir wirklich die Schuld geben, aber sie erwarten von mir, dass ich sie vor ihm schütze, dass ich ihn zur Vernunft bringe, bevor er so eine Scheiße abzieht. Bevor wir beide aufgetaucht sind, hat er solche Sachen fast täglich gemacht."

Sie stützte ihren Kopf in die Hände. „Er darf das nicht tun. Es untergräbt alles, wofür wir gearbeitet haben."

„Ja, ich weiß."

„Hast du mit ihm darüber gesprochen?"

„Ich habe es versucht. Er hat mich abblitzen lassen und gesagt, er hätte heute Morgen Termine. Er hat vorgeschlagen, dass ich mit ihm und den Jungs zu Mittag esse."

Sie schnaubte: „Du meinst das tägliche Mittagessen, bei dem sie alle Entscheidungen treffen? Das, zu dem ich noch nie eingeladen worden bin?"

„Du und ich nicht. Und ja, dieses Mittagessen." Ich atmete tief durch. „Wie lange bin ich jetzt hier, fünf Monate? Sechs? Wir hatten noch kein einziges Managementteam-Meeting. Alles wird immer beim Mittagessen entschieden, bei dem keines unserer Teams vertreten ist. Wir erfahren unseren Marschbefehl erst später und müssen dann ihren Dreck aufräumen."

Wir saßen schweigend da und starrten auf die Oberfläche meines staubigen Schreibtischs.

„Ich weiß nicht, wie lange ich das noch durchhalte", flüsterte ich, mehr zu mir selbst als zu ihr.

Sie stand langsam auf. „Geh zum Mittagessen. Schau, ob sie dir zuhören. Du musst es wenigstens versuchen."

Ich nickte. Sie hatte Recht, aber ich konnte nicht sehen, wohin das führen sollte. Ted hörte niemandem zu, außer Mark und Dennis. Als Connie mein Büro verließ, wurde mir klar, wie unangenehm dieses Gespräch für sie gewesen sein musste. Sie war erst seit ein paar Monaten in der Firma und ich war derjenige, der sie in die Firma geholt hatte. Wir waren gleichberechtigt, Partner bei der Führung des Großteils der Mitarbeiter und sie hatte mich noch nie mit etwas anderem als einer positiven Einstellung erlebt. Was würde sie jetzt denken? Die Vorstellung, dass mein Team unter Teds Dummheit leiden musste, machte mich wahnsinnig, aber der Gedanke, Connie im Stich zu lassen, schmerzte noch mehr.

Marks riesige Gestalt verdunkelte meine Tür und riss mich aus meinen Gedanken. „Hey, du siehst zu ernst aus. Komm mit zum Mittagessen. Ich glaube, der Chef lädt zum Grillen ein."

Mark war ein guter Kerl. Er sagte selten ein negatives Wort und war ein unglaublicher Verkäufer. Ich hatte gedacht, er würde sich zurückziehen, als er aus dem Management zurückgetreten war, um sich auf seine eigenen Verkaufsbemühungen zu konzentrieren, aber Ted bestand darauf, dass er weiterhin jeden Tag zum Mittagessen erschien. Bei diesen

Mittagessen traf Ted nicht nur wichtige Entscheidungen, sondern er holte sich auch den Rat seines *ehemaligen* Vertriebsleiters und nicht den seines jetzigen Vertriebsleiters.

Das Letzte, was ich tun wollte, war, nach Barbecue zu stinken, aber ich lächelte und stand auf. „Hört sich gut an, vor allem, wenn es um Ted geht."

Mark gluckste: „Auf jeden Fall. Los, komm mit. Du kannst mit mir fahren."

· · · ● · ● · · · ·

Kurz nach vier Uhr kam Connie in mein Büro und ließ sich auf einen Stuhl plumpsen.

„Und, wie war das Mittagessen? Das neue Parfüm, das du trägst, finde ich klasse. Wie heißt es? Aux de Piggy?"

„Ha ha. Sehr witzig." Ich schnupperte an meinem Shirt und rümpfte die Nase. „Argh. Das ist ja furchtbar."

Sie schnaubte.

„Das Mittagessen war so, wie du es wahrscheinlich erwartet hast. Die Jungs haben über nichts geredet, bis das Essen gekommen ist, und dann hat Ted mit den Zahlen angefangen. Er war sauer über die Anrufstatistiken. Ich habe versucht, ihn darauf hinzuweisen, dass unsere Umsatz- und Nettoeinnahmenzahlen alle Rekorde brechen, aber er wollte das nicht hören. Ihn hat nur interessiert, wie viele Anrufe jeder Verkäufer pro Tag getätigt hat. Irgendwann hat Mark versucht, mich zu unterstützen, aber Ted hat ihn abblitzen lassen. Er hat gedroht, das ganze Team so lange stehen zu lassen, bis jeder Verkäufer hundert Anrufe an einem Tag schafft."

„Was?" Sie lehnte sich zurück. „Das kann er doch nicht tun. Wenn wir eine Personalabteilung hätten, würden die durchdrehen. Außerdem, ist das überhaupt möglich, dass jeder hundert Anrufe tätigt?"

„Nein, natürlich nicht. Wenn sie eine heiße Spur am Telefon haben, kann dieser eine Anruf dreißig Minuten dauern. Die besseren Vertreter verbringen die meiste Zeit am Telefon, sprechen aber nur mit etwa einem Dutzend Leuten pro Tag. Wenn jemand hundert Anrufe tätigt, erreicht er entweder niemanden, oder er ist schlecht im Abschließen. Mehr Anrufe werden keines der beiden Probleme lösen."

„Was willst du jetzt also tun?", fragte sie.

„Ich weiß es nicht." Ohne nachzudenken, fing ich an, mit einem Stift herumzufummeln und ihn immer wieder damit zu klicken. „Du bist schon lange genug hier, um zu wissen, wie die Dinge laufen. Glaubst du, dass er sich jemals ändern wird?"

Sie dachte einen Moment nach. „Ich weiß es nicht. Wahrscheinlich nicht. Er hat diesen Ort von Grund auf aufgebaut. Er ist stolz darauf – verdammt, er ist einfach nur stolz."

„Das ist eine Untertreibung." Ich rollte mit den Augen. „Er verdient Anerkennung dafür, dass er den Laden auf zwanzig Millionen gebracht hat, aber er wird es nie auf das nächste Level schaffen, wenn er so einen Mist baut. Drei aus meinem Team haben mir heute gedroht, zu kündigen, wenn er sie wieder stehen lässt."

„Wirklich?"

Ich nickte.

Wir zuckten beide zusammen, als es an meiner Tür klopfte. Es war Evan, einer meiner Vertriebsmitarbeiter.

Connie verrenkte sich den Hals und stand dann auf. „Ich überlasse es dir, dich um Skippy zu kümmern." Das war ihr Spitzname für Evan. Er war ein starker Verkäufer, aber er hatte eine schrullige Persönlichkeit, bei der ich mich immer fragte, ob er als Kind zu nah an der Mikrowelle gestanden hatte.

Ich gluckste: „Okay. Danke fürs Zuhören. Tut mir leid, dass ich dich so überrumpelt habe."

Sie winkte mich ab und öffnete die Tür. „Er gehört ganz dir", sagte sie zu Evan.

Als Connie im Flur verschwand, schloss Evan die Tür, setzte sich auf die Stuhlkante und beugte sich vor.

„Ich kündige."

Scheiße. „Evan, du bist einer meiner besten Mitarbeiter und du bist erst seit ein paar Monaten hier. Warum willst du gehen?"

Er lehnte sich zurück und verschränkte die Arme. „Ich werde nicht stehen und wählen oder was auch immer sich Lord Think! als Nächstes ausdenkt."

Ich hob meine Handflächen zur Kapitulation. „Ich weiß -"

„Jeder da draußen weiß, dass du das nicht von dir ausgeht und dass du das nie tun würdest, aber wir wissen auch, dass du Ted nur so viel Vernunft einreden kannst. Diejenigen, die schon viel länger dabei sind als ich, sagen, dass er schon immer so gewesen ist. Sie glauben nicht, dass er sich jemals ändern wird. Es würde mich nicht wundern, wenn die Hälfte des Verkaufsteams in den nächsten Monaten geht." Er holte tief Luft und senkte dann seine Stimme zu einem Flüstern: „Hör zu, ich bin nicht hier, um darüber zu diskutieren. Mein Entschluss steht fest. Ich werde gehen. Die einzige Frage ist, ob du mit mir kommst oder nicht."

Ich mag zwar von Wölfen aufgezogen worden sein, aber ich war nicht leicht zu erschüttern – es sei denn, du zählst die akrobatischen Stellungen und Fetische dazu, die ich bei Manhunt oder AOL kennengelernt habe, aber die standen bei diesem Treffen nicht auf der Tagesordnung. Meine Kinnlade musste auf meinen Schreibtisch gefallen sein, denn Evan grinste von Ohr zu Ohr.

„Was, äh, du willst, dass ich – was?"

„Ich möchte, dass du mit mir kommst. Verschwinde von hier. Die alten Leute haben Recht. Ted wird sich nie ändern und wir können es ohne ihn weiter bringen."

Ich wusste kaum, was ich denken, geschweige denn sagen sollte. „Wovon redest du?"

„Ich habe diese Firma im Westen gefunden. Sie bringen den Leuten bei, wie man Computertechniker wird, und helfen ihnen, ihre Microsoft-Zertifizierung zu bekommen. Sie sind bereit, mir die Rechte für den Verkauf im Osten der USA zu geben. Ich bin ein guter Verkäufer, aber ich weiß nicht, wie man ein Geschäft führt. Ich brauche jemanden wie dich, damit das klappt. Ich möchte, dass du mein Geschäftspartner wirst."

Ich starrte ihn an und versuchte herauszufinden, ob er mich auf den Arm nehmen wollte – oder ob er mich reinlegen wollte. Ted war dafür bekannt, dass er Leute auf diese Weise testete. Er nannte es „ihre Loyalität überprüfen".

Ted war so ein Arschloch.

„Evan, ich weiß nicht, was ich sagen soll. Ich meine, ich fühle mich geschmeichelt, dass du an mich denkst, aber -"

Er hob eine Hand, um meine Einwände abzuwehren. „Ich verstehe schon. Es ist viel zu verdauen, und ich habe dich überrumpelt. Du musst nicht sofort eine Entscheidung treffen. Ich bringe dir die Informationen über das Unternehmen und den Geschäftsplan, den ich mir ausgedacht habe. Wenn dir gefällt, was du siehst, können wir weiter reden. Wir machen nichts weiter, als über ein hypothetisches Geschäft zu reden. Bist du damit einverstanden?"

Ich zögerte. Was sollte ich tun? Das war verrückt. Ted war vielleicht ein Arsch, aber er führte ein erfolgreiches, stabiles Unternehmen. Er hatte mir in derselben Woche, in der ich nach Atlanta gezogen war, einen Job gegeben. Think! war der Grund dafür, dass ich ein komfortables Leben in einer neuen Stadt hatte, die ich absolut liebte. Und Evan verlangte von mir, dass ich das alles hinschmiss, für was – ein Startup?

Andererseits hatte ich in der Zeit, in der ich mit meinem Dad gearbeitet hatte, gelernt, wie sehr ich die Unabhängigkeit genoss, für mich selbst zu arbeiten. Vielleicht wäre es eine gute Sache, ein Unternehmen mit einem Partner zu gründen.

Trotz des Unbehagens in meinem Bauch schaute ich zu ihm auf und nickte einmal: „In Ordnung, aber du darfst heute noch nicht kündigen. Tu das erst, wenn du bereit bist, zu gehen und dieses neue Ding zu starten. Wenn ich mich entschließe, dich zu begleiten, müssen wir uns überlegen, wie wir das zeitlich regeln.“

Er lächelte: „Ich habe kein Problem damit. Betrachte meinen Rücktritt als widerrufen.“ Er stand auf. „Das wird fantastisch. Du wirst schon sehen.“

Kaum war er aus meiner Tür verschwunden, griff ich zum Telefon und wählte Connies Durchwahl. „Notfall-Essen. Sofort.“

Sie lachte: „Hast du eine andere Barriere gesehen? Sollen wir Hallo zu ihr sagen?“

Ich konnte mein eigenes Grinsen nicht unterdrücken. „Ja, eine große, aber nicht so eine, an die du denkst.“

· · · ● · ● · · · ·

„Ziehst du das wirklich in Betracht?“, erkundigte sich Connie zwischen zwei Schlucken Pinot Grigio. Warum sie Eiswürfel in den Wein tat, war mir ein Rätsel. Ich war zwar kein Experte in Sachen Alkoholkonsum, aber das verletzte sogar mein Anfängergefühl für Alkohol.

„Ich weiß es nicht.“ Ich legte meine Gabel ab, lehnte mich zurück und starrte auf den Deckenventilator, der sich träge über mir drehte. „Ich arbeite gerne mit dir zusammen und ich mag unsere Teams sehr. Wir haben tolle Arbeit geleistet.“

„Chez Paris!“, antwortete sie mit einem schrecklichen französischen Akzent und winkte mit der Hand.

„Oui, Paris“, sagte ich in meinem besten, von Tennessee-Drawl infizierten französischen Akzent. „Der

Gedanke, dich zurückzulassen, macht mich krank, aber Evan hat recht. Ted ist ein wahnsinniges Arschloch, und das wird sich auch nie ändern. Jeden Tag essen sie zu Mittag und treffen Entscheidungen für unsere Teams, ohne uns mit einzubeziehen, und dann macht er so einen Mist wie die stehenden Anrufe. Ich kann es der Truppe nicht verübeln, dass sie bei dieser Scheiße einfach nur zur Tür hinaus wollen."

„Ja, die Rekrutierer haben sich schon gefragt, wann er es mit ihnen macht."

„Wenn wir anfangen, Leute zu verlieren, weißt du, wem Ted die Schuld geben wird, nicht wahr? Mr. Hochheilig hat diese Firma gegründet und scheißt Gold. Er wird alles auf dich und mich schieben. Und wo stehen wir dann?"

Sie beäugte mich über ihr Glas hinweg, eine Augenbraue hochgezogen. „Machst du dir Luft oder versuchst du, dich selbst von etwas zu überzeugen?"

Ich seufzte: „Ich weiß es nicht. Connie, er ist *schrecklich*. Ich kann mir nicht vorstellen, dass ich in drei Jahren noch bei Think! bin. Wenn ich ehrlich bin, kann ich mir das nicht mal mehr ein Jahr länger vorstellen, mit oder ohne Evans Deal. Ich habe mich noch nicht ernsthaft nach etwas anderem umgesehen, aber wenn wo Verkaufsleiterjobs für Kunden ausgeschrieben sind, frage ich mich immer, ob ich vielleicht gut dazu passe."

„Nun, es klingt so, als hättest du dich bereits entschieden, zumindest was das Weggehen angeht. Die Frage ist nur, wohin du gehen wirst."

Das war normalerweise der Zeitpunkt, an dem Connie einen Witz machte oder eine alberne Stimme benutzte, um die Stimmung aufzulockern. Dieses Mal tat sie nichts von beidem. Sie saß einfach auf der anderen Seite des Tisches und wartete darauf, dass in meinem sturen Dickschädel die Glühbirne anging.

Ich senkte meinen Kopf. „Ich denke. Das ist wirklich scheiße. Ich hatte mich darauf gefreut, mehr Dinge wie Paris mit dir auf die Beine zu stellen. Wir sind ein tolles Team."

Sie strahlte: „Nein, wir sind die Besten. Ted kann sich glücklich schätzen, uns zu haben, auch wenn sein Kopf zu weit in seinem Arsch steckt, um das zu sehen."

„Ms. Black. Sprache, bitte", spottete ich.

„Oh, verzeihen Sie mir, lieber Sir. Ich werde in Zukunft auf meine beschissene Sprache achten."

Und schon war die Spannung weg und wir kicherten wieder wie Kinder.

· · · • · • · • · · ·

Ein paar Tage später erhielt Evan ein Informationspaket von den Besitzern des Schulungsunternehmens in Utah, zwei Jungs, die das Unternehmen in einer ihrer Garagen gegründet hatten und nun einen Jahresumsatz von mehreren Millionen Dollar vorweisen konnten. Das einzige kleine Unternehmen, das ich im Vergleich dazu kannte, war der Arzneimittel-großhandel meines Dads, der jedes Jahr kaum eine halbe Million Dollar Umsatz machte. Ted behauptete, Think! bringe jedes Jahr etwa zwanzig Millionen ein. Wenn Evan und ich dieses Unternehmen auf die Beine stellen und einen Umsatz erzielen könnten, der irgendwo in der Mitte zwischen diesen beiden Extremen lag, wäre ich überglücklich gewesen.

In den darauffolgenden Wochen hielten Evan und ich Dutzende von heimlichen Treffen ab, meist beim Mit-tagessen, um keinen Verdacht bei den Think!Leuten zu er-regen. Ich erzählte Connie, was vor sich ging, aber niemand sonst wusste, dass etwas nicht stimmte. Ein Teil von mir hoffte, Ted würde den Rat aller befolgen und den tyran-nischen Machenschaften ein Ende setzen, aber das tat er nie. Gelegentlich fehlten Stühle, und mehrmals am Tag wurden Anrufstatistiken veröffentlicht, um diejenigen mit niedrigeren Zahlen zu demütigen. Die Moral in der Truppe, von der ich nicht geglaubt hatte, dass sie noch weiter sinken könnte, fand einen Weg, unter diesen minimalen Erwartungen noch weiter zu bergab zu gleiten.

Die Leute waren unglücklich.

Vier Wochen nach dem großen Stuhlabbau kündigte der erste Verkäufer. Zwei weitere verließen uns in der folgenden Woche.

Ted war wütend. Er konnte nicht begreifen, warum die Leute sein gesegnetes Unternehmen verlassen wollten. Hinter verschlossenen Türen schimpfte er in seinem inneren Kreis darüber, dass die Leute, die ihn verließen, ihn verrieten, nachdem er alles für sie getan hatte. Nicht ein einziges Mal schaute er in den Spiegel und fragte sich: „Warum gehen die Leute wirklich?"

Er ließ seine Wut an allen aus, die in seiner Nähe waren, entweder mit abfälligen Bemerkungen oder mit direkten Angriffen auf ihre Leistung oder Professionalität. Sogar Mark, Teds treuester und langjährigster Mitarbeiter, fiel seinen bissigen Bemerkungen zum Opfer.

Die Moral war nicht mehr nur schlecht, sondern erbärmlich. Die Gerüchteküche sagte für die kommenden Wochen eine Kündigungswelle voraus. Connie und ich taten alles, was wir konnten, um die Leute zu ermutigen, aber wir konnten die Truppe nicht länger vor Teds Wutausbrüchen schützen.

An einem späten Donnerstagnachmittag kam Evan in mein Büro und schloss die Tür hinter sich.

„Ich kann das nicht mehr machen. Ted ist ein Arsch, und wir haben alles, was wir brauchen, um das neue Unternehmen zu gründen."

„Wir brauchen Kapital. Ohne Bargeld können wir kein Unternehmen gründen. Ich kann es mir im Moment nicht leisten, auf mein Gehalt zu verzichten." Ich hatte weniger als tausend Dollar auf meinem Bankkonto. Ich war vielleicht ein guter Verkaufsleiter, aber ein schlechter Sparer.

„Ich habe etwas Geld gespart. Ich werde zwanzigtausend investieren, damit wir anfangen können. Die Firma kann mir das Geld zurückzahlen, wenn wir Gewinn machen."

Ich starrte ihn an. Er bot mir an, unser Startup aus seiner eigenen Tasche zu finanzieren. Ich wusste, dass Evans Familie Geld hatte, aber ich glaubte nicht, dass er noch etwas davon bekommen hatte. Andererseits war ich auch nicht gerade ein Experte für Treuhandfonds. Alles, was ich wahrscheinlich von meiner Familie erben würde, waren Schulden.

„Evan, ich kann doch nicht -"

„Doch, du kannst. Bitte! Ich kann das nicht ohne dich tun. Erspartes hin oder her, ohne jemanden, der das Geschäft führt, uns mit Kreditgebern in Kontakt bringt und sich um das Tagesgeschäft kümmert, bin ich verloren. Ich brauche dich."

Ich starrte einen langen Moment lang auf meine Hände und atmete kaum. Es fühlte sich an wie einer dieser Momente im Leben, in denen ich die Weggabelung kilometerweit vor mir sehen konnte. Keiner der beiden Wege zeigte einen Hinweis auf das Ziel oder die Bequemlichkeit der Reise. Ich flehte die Vision an, mir eine Botschaft, einen Hinweis zu geben, aber es kam nichts.

„Kann ich darüber schlafen und dir morgen eine Antwort geben?", fragte ich schließlich.

Er grinste und hüpfte zur Tür. „Klar. Bring dein Kündigungsschreiben mit."

Ich saß eine weitere Stunde an meinem Schreibtisch und starrte vor mich hin, ohne etwas zu sehen. Ein Kollege nach dem anderen kam vorbei, wünschte mir eine gute Nacht und wartete nicht auf die Antwort, die nicht kommen würde. Mein Magen krampfte sich zusammen, als ich zum tausendsten Mal meine Optionen durchdachte.

Erstens: Ich bleibe bei Think! und versuche, die Dinge mit Ted zu verbessern. Das würde kein leichter Weg sein, aber er bot Stabilität und einen Gehaltsscheck. Außerdem war Connie da, und ich arbeitete gerne mit ihr zusammen. Wir würden Freunde sein, egal wo ich arbeiten würde, aber ich würde es vermissen, sie jeden Tag zu sehen und mit ihr an verrückten Wettbewerben und so weiter zu arbeiten.

Zweitens: Ich gehe und finde einen neuen Job. Ich hatte mich noch nicht einmal auf dem Arbeitsmarkt umgesehen und der Gedanke, neu anzufangen, machte mir Angst. Außerdem hatte ich in der Zeit bei Think! viel über Lebensläufe gelernt und darüber, welchen Einfluss ein einziges Blatt Papier auf die Entscheidung eines Arbeitgebers hatte. Ich konnte vielleicht erklären, warum ich bei meinem ersten Job in Atlanta einen schweren Start gehabt hatte, aber ich würde es trotzdem bei jedem Vorstellungsgespräch erklären müssen. Das hörte sich schrecklich an.

Die dritte Möglichkeit war, auf Evans Angebot einzugehen und ein neues Unternehmen zu gründen. Das war die beängstigendste von allen, aber auch die aufregendste. So war ich weg von Ted und würde mein eigener Chef werden. Ich konnte Evan gut genug leiden, und die Firma in Utah hatte sich abgesichert. Sie boten uns sogar an, uns in der Anfangsphase zu unterstützen. Alle sprichwörtlichen Enten waren aufgereiht und warteten nur noch darauf, dass ich den Mut hatte, sie zu führen.

· · · ● · ● · ● · · ·

Am nächsten Morgen ging ich zum letzten Mal zu Think!, nickte Evan zu und brachte mein Kündigungsschreiben in Teds Büro. Er flippte total aus und lehnte mein Angebot für eine Übergangszeit ab. Er zwang sogar Mark und Dennis, mich aus der Tür zu begleiten, wie bei einem dieser Gangster, die man in Fernsehkrimis immer sah. Ich hielt meinen Kopf hoch, als sich die Truppe versammelte und meinem Abgang applaudierte. Evan hatte ihnen erzählt, was ich in Teds Büro gemacht hatte.

Ich hasste es, daran zu denken, welche boshafte Strafe Ted für diese kleine Untreue aussprechen würde.

Aber ich war frei.

KAPITEL 19

SCHLAMPMILLA, PARTY OF ONE

Nachdem der eine Job vorbei war und der andere noch nicht begonnen hatte, hatte ich ein wenig Zeit für mich.

Während ich mein tägliches Abendritual beibehielt, bei dem ich einen einzelnen Apfel kaufte, trainierte, bei Cowtippers chinesisch oder gegrilltes Hähnchen aß und dann nach Hause ging, waren meine Tage frei für andere wichtige Beschäftigungen: die Männer von Atlanta.

Jeden Abend prüfte ich meine E-Mails und war enttäuscht, dass ich nichts von Ryan gehört hatte. Er hatte nicht angerufen, aber das war nicht ungewöhnlich. Er war ein E-Mailer. Es war seltsam, dass er nach dem fantastischen Tag, den wir verbracht hatten, einfach ohne wenigstenst eine kurze Nachricht zwischendurch verschwunden war, aber ich schob es auf einen viel beschäftigten Mann auf Geschäftsreise.

Zumindest hoffte ich, dass es das war.

Konnte es sein, dass er nach dem Date nicht die gleiche Euphorie verspürt hatte wie ich? Es wäre nicht das erste Mal gewesen, dass ich die Reaktion eines Mannes falsch eingeschätzt hatte. Normalerweise war ich nach einem Date so optimistisch, dass ich annahm, der Kerl würde Ringe oder Gartenzäune aussuchen. Moment, das sind ja Lesben. Vielleicht dachte er nur an mich und unser nächstes Date. Ja, das klingt schon besser.

Trotz meiner neu entdeckten Hoffnung auf mehr mit Ryan, hatte mich die Erfahrung gelehrt, auf Nummer sicher zu gehen. Die Chancen, dass aus einem Date eine dauerhafte Liebesbeziehung wurde, waren gering, vor allem, wenn man die Egos, die verkümmerten Gefühle und die allgemeine Geilheit zweier Männer mit in Betracht zog.

Mit dieser Weltklasse-Rationalisierung widmete ich mich in meiner Freizeit dem Meisterschaftskampf bei Manhunt und Adam4Adam, ohne dabei meine Fans bei AOL zu vernachlässigen. Man musste sich schließlich um seine Follower kümmern.

Ja, ich war ein bisschen eine Schlampe.

Und ich liebte Atlanta.

Mit ein paar Mausklicks tauchte ein geiler, halb angezogener Mann schneller vor meiner Tür auf als eine Pizza von Domino's. In den letzten Monaten hatte ich gelernt, diejenigen auszusortieren, die am Monroe Place, meinem Zuhause, wohnten. Ich hatte einmal den Fehler gemacht, mich mit einem Einheimischen einzulassen, und es war mir sehr peinlich, wenn wir uns am Pool oder in der Waschküche begegneten. Das war eine Schande, wirklich. Die Bequemlichkeit, so viele Männer in Laufnähe zu haben, war verlockend.

Wie du dir vorstellen kannst, tauchten der kleine Engel und der Teufel jedes Mal auf, wenn ich etwas „bestellte". Sie stritten sich wie ein altes Ehepaar oder wie die beiden alten Männer auf dem Balkon aus der Muppet Show – ja, das trifft es wohl eher. Der Engel spielte die Ryan-Karte aus und flehte mich an, gut zu sein und daran zu glauben, dass er kommen und mich vom Hocker reißen würde, aber der Teufel hatte ein viel überzeugenderes, unmittelbares Argument. Klein-Michael hatte einen Juckreiz und könnte abfallen, wenn ich ihn nicht kratzte.

Das war zwar medizinisch eher unwahrscheinlich, aber in diesem Moment überzeugte es mich. Mein Einstieg ins Schlampendasein war reiner Selbsterhaltungstrieb. Ich konnte Klein-Michael doch nicht einfach verkümmern und fallen lassen, oder?

Als ich am Donnerstagabend durch das Menü – ich meine, die Männer im Netz – scrollte, gab mein PC ein vertrautes Klingeln von sich. Ich schloss den Manhunt-Browser und minimierte A4A, so dass ein einsamer, unbeaufsichtigter AOL-Bildschirm darunter zum Vorschein kam. Die Chatrooms hatte ich zugunsten der Bilder und Profile der Dating-Websites weitgehend verlassen. Dort gab es die gleichen Typen, nur mit anderen Zielen und Zeitplänen. Ist das nicht eine gute Erklärung?

RAL2027: HEY DU! WIE WAR DEINE WOCHE SO BIS JETZT?

Wow, das ging ja schnell. Er hatte sich eingeloggt und mir dann sofort geschrieben. Ich fühlte ein paar Schmetterlinge aufflattern.

ICH: BIS JETZT WAR SIE GANZ OKAY. WIE IST DEINE DIENSTREISE? BIST DU IN LA?

RAL2027: SAN FRAN. SIE IST GANZ OKAY. IMMER DAS GLEICHE HALT.

San Francisco? Das Mekka der Schwulen? Ich war noch nie dort gewesen, aber in jedem Film, den ich je gesehen hatte, wurde die Stadt als eine einzige riesige Orgie dargestellt, bei der sich haarige, muskulöse Männer in schneller Folge gegenseitig vögelten. Während mich die Vorstellung noch vor kurzem begeistert hatte, sank mein Herz nun bei dem Gedanken daran, dass Ryan die ganze Woche dort sein würde. **OH ICH BIN NOCH NIE DORT GEWESEN,** antwortete ich, nicht fähig dazu, das Thema ruhen zu lassen.

RAL2027: ES IST OKAY. UNSER BÜRO IST IN DER INNENSTADT, UND MEIN HOTEL IST GLEICH GEGENÜBER. DAS IST GANZ BEQUEM, ABER ICH TUE NICHT VIEL MEHR ALS ARBEITEN, ESSEN UND SCHLAFEN.

Das war ein wenig beruhigend. Dass Ryan sich langweilte und ein Workaholic war, war doch gut, oder?

ICH: OH, COOL, DENKE ICH.

RAL2027: GEHT ES DIR GUT? DU WIRKST EIN BISSCHEN ... ICH WEISS NICHT ... DANEBEN.

ICH: JA, MIR GEHT'S GUT. ES WAR NUR EINE LANGE WOCHE. VIEL LOS BEI DER ARBEIT.

Warum war ich daneben, wie er es ausdrückte? Ich spürte es auch. Mit Ryan zu reden, war nie unangenehm oder peinlich. Eigentlich war es bisher noch nie so einfach gewesen, mit jemandem zu reden wie mit ihm. Heute Abend fühlte ich mich wie ein stotternder Idiot.

Puff. „Es liegt daran, dass du dich mit anderen Männern triffst, während er auf einer Geschäftsreise ist. Du bist ein Flittchen, Michael. Sieh es ein." Der kleine Engel trug ein schwarzes Pilgeroutfit mit weißer Spitze, die seinen Hals hinaufkroch. Seit wann trugen männliche Pilger Spitze?

„Hör nicht auf diesen prüden Kerl. Du und Ryan hattet genau zwei Dates. Du bist ihm nichts schuldig. Amüsier dich." Der kleine Teufel, der braune Chaps ohne Unterwäsche trug, fuchtelte mit einem Finger vor mir herum. „Du willst doch nicht, dass Klein-Michael runterfällt, oder?"

Der Engel seufzte.

Hatte ich ein schlechtes Gewissen? Das war eine dumme Frage. PKs fühlten sich immer wegen *irgendetwas* schuldig.

Der Engel hatte recht, ich hatte mich in Atlanta herumgetrieben, während der arme Ryan arbeiten musste.

Scheiße. Jetzt wusste ich, dass ich mich schuldig fühlte.

RAL2027: NOCH DA?

Der Cursor blinkte ungeduldig.

ICH: OH, SORRY. WAR NUR KURZ IN DER KÜCHE. UND WANN KOMMST DU WIEDER NACH HAUSE?

RAL2027: FREITAG. ICH WOLLTE DICH FRAGEN, OB DU AM SAM-

STAG MIT MIR ZU MITTAG ESSEN WÜRDEST. ICH SCHAFFE ES ZWAR KEINEN TAG WIE LETZTES MAL, ABER ICH KANN AUF JEDEN FALL EIN MITTAGESSEN DAZWISCHEN-SCHIEBEN.

Mittagessen dazwischen schieben? Hielt ihn seine Sozialsekretärin so sehr auf Trab? Puh.

ICH: SICHER. DAS WÜRDE ICH LIEBEND GERNE.SAG EINFACH WANN UND WO.

Er schlug ein thailändisches Lokal vor, von dem ich noch nichts gehört hatte. Ich schaute mir die Adresse an und stimmte zu. Dann meinte er, er müsse einen Anruf entgegen-nehmen und loggte sich aus.

Es war 22:15 Uhr. Wer rief ihn um 22:15 Uhr an einem Donnerstagabend an, während er auf einer Geschäftsreise war? Ich hörte nicht gerade eine Alarmglocke, aber ein unangenehmes Gefühl kroch mir den Rücken hinauf. Dann schimpfte ich mit mir selbst, weil ich eifersüchtig auf einen Mann war, auf den ich keinen Anspruch hatte – als ob jemand jemals einen Anspruch auf jemand anderen hätte. Dann schimpfte ich mit mir selbst wegen dieses Gedankens.

Wow! Ich hatte gerade einen Schuld-Hattrick geschafft.

Ich war ein verdammt gutes PK. Mein Vater wäre stolz auf mich gewesen.

Thailändisches Essen war schon immer eines meiner Favoriten. Die Geschmäcker und Aromen haben etwas Gemütliches und Reichhaltiges, das mich glücklich macht.

Als ich Ryan gegenüber saß, knurrte mein Magen bei dem Gedanken an Pad Thai. Nichts zeugt so sehr von Liebe wie eine erdnussige Köstlichkeit.

„Wie war San Fran?", fragte ich zwischen dem Kauen einer Veggie-Frühlingsrolle.

„Gut", antwortete er und wischte sich die Krümel von den Fingern. „Es ist immer das Gleiche: Firmenchefs, die Fragen zu Berichten stellen, ein ständiger Strom von Problemen mit unseren Reiseanbietern und ein neuer Anbieter, der an die Tür klopft und unser Geschäft will. Wenn ich so darüber nachdenke, ist das so ziemlich das Gleiche wie jeden Tag. Nicht zu vergessen ist der Umgang mit den Mitarbeitern. Es vergeht kaum ein Tag, an dem nicht mindestens ein Angestellter anruft, um sich über Delta oder American – oder Amtrak – zu beschweren. Über sie bekomme ich mehr Beschwerden als über alle anderen zusammen."

„Amtrak? Die Züge?" Ich war reiseunerfahren und hatte noch nie einen Zug benutzt.

Er nickte: „Sie sind bequem, wenn du in einem Abteil mit Bett untergebracht bist, aber für den Durchschnittsreisenden, der in einen der vorderen Waggons gepfercht ist, kann die Fahrt sehr lang werden – und jeder, der dir sagt, dass diese Fahrten ruhig sind, lügt. Züge rütteln und schwanken, vor allem, wenn du im oberen Abteil sitzt."

„Hm. Die Leute beschweren sich bei dir darüber? Was wollen sie denn von dir?"

Er gluckste: „Keine Ahnung. Meistens wollen sie sich Luft machen, damit ihnen jemand zuhört. Das tue ich und sage ihnen dann, dass ich mit unserem Unternehmensvertreter über ihr Anliegen sprechen werde. Das beruhigt die meisten. Sie erwarten nicht wirklich, dass ich Wunder vollbringe."

Corporate America. Ich beneidete Ryan um die Sicherheit und den fetten Gehaltsscheck, die mit seinem Job in der gehobenen Angestelltenklasse verbunden waren, aber es hörte sich zum Teil auch sehr anstrengend an. Ich dachte an all die Probleme, mit denen ich mich bei Think! herumgeschlagen hatte, einem kleinen Unternehmen, das im Wesentlichen von einem Mann geführt wurde. Dann versuchte ich mir vorzustellen, wie ich vor Tausenden von Chefs und Kollegen, einem Vorstand und Investoren Rechenschaft ablegen musste, und mir wurde klar, dass sein fetter Gehaltsscheck mit einigen scharfen Widerhaken verbunden war.

„Wie war deine Woche?", fragte er.

„Hm. Sie war okay."

Er legte den Kopf schief. „Nur okay? Normalerweise bist du viel fröhlicher als jetzt. Ist etwas passiert? Was hat Ted jetzt wieder gemacht?"

Ich spuckte fast den heißen Tee aus, an dem ich gerade nippte. Woher hatte er gewusst, dass Ted wieder etwas angestellt hatte? Dann erinnerte ich mich an unsere Online-Chats und mir wurde klar, dass er mehr über mich wusste als die meisten dritten Dates. Verdammt, er wusste mehr über mich als jeder andere, mit dem ich je ein Date gehabt hatte. Diese Erkenntnis traf mich wie ein Schlag ins Gesicht. Ich dachte, es wäre ein guter Klaps, einer von der Sorte, die man kurz vor dem -

„Woher weißt du das?" Ich schenkte ihm ein schwaches Lächeln. „Ich weiß nicht, wie viel von seinem Unsinn ich noch ertragen kann. Er hat mein ganzes Team dazu verdonnert, zu stehen, während sie Anrufe tätigen. Er hat ihnen sogar die Stühle weggenommen und sie in den Konferenzraum geschoben, bis seine kleine Lehrstunde beendet war."

„Machst du Witze?"

„Nein. Traurig, aber wahr.“

„Wow. Er ist ein echter Arsch.“

Ich nickte: „ Genau das habe ich auch zu Connie gesagt.“

Sein Gesicht hellte sich auf, als er den Namen meiner neuen besten Freundin hörte. „Wie geht es der lieben Connie? Wehen noch mehr französische Flaggen herum?“

Verdammt, ihm entging doch auch wirklich gar nichts, oder?

„Keine Flaggen mehr. Ihr geht's gut. Sie ist fröhlich wie immer, auch wenn Teds Stunt sie für eine heiße Minute aus dem Konzept gebracht hat.“

Er wurde wieder ernst. „Wenn Ted so mies ist, warum bleibst du dann? Du bist ein kluger Kopf. Du könntest etwas anderes finden.“

Er dachte, ich sei klug. Meine Wangen färbten sich bei seiner Schmeichelei.

„Es ist lustig, dass du das sagst. Einer meiner Verkäufer hat mir ein Angebot gemacht.“ Ich nahm einen Schluck Tee, um mir Zeit zum Nachdenken zu geben. Ryan war ein erfolgreicher Geschäftsmann. Würde er mich für verrückt halten, wenn ich ein Startup gründen wollte? Würde ich unsicher wirken? Das Letzte, was ich wollte, war, dass er dachte, ich sei ein Spinner oder wüsste nicht, wie man an etwas festhielt.

Er hob eine Augenbraue, als ich um Worte rang.

„Es gibt da einen Typen auf der Arbeit, einen meiner Vertriebsmitarbeiter. Sein Name ist Evan. Er hat Verbindungen zu einer Firma irgendwo im Westen, die Microsoft-Zertifizierungstrainings für Ingenieure anbietet.“

„Es ist also eine Schule? Oder eine gewinnorientierte Bildungseinrichtung?“

„Genau. Es ist definitiv ein Unternehmen, keine Schule. Evan wird nächste Woche Genaueres darüber erfahren. Als er zu mir gekommen ist, hatte er nur einen Überblick und das Angebot, den Osten der USA zu übernehmen. Sie haben ihn nicht einmal gebeten, die Rechte zu kaufen.“

„Hm." Ryan lehnte sich zurück und eine Hand wanderte zu seinem Mund.

„Okay", sagte ich. „Im Verkauf nennen wir diese Geste ein Stoppschild, und sie wird normalerweise von potenziellen Kunden benutzt, wenn ihnen etwas nicht gefällt. Was denkst du?"

Er grinste über mein Verhör. „Die IT-Branche ist ein heißes Pflaster, das steht fest, aber wir wissen noch nicht genug, um das Geschäft in den Griff zu bekommen. Ich bin gespannt, was Evan diese Woche erfährt. Bis dahin ist es nur eine Idee. Mit einer Idee allein können wir keinen Plan machen."

Ryan war ein gutes Dutzend Jahre älter als ich. In diesem Moment spürte ich zum ersten Mal unseren Altersunterschied. Er klang so intelligent und erfahren, so gefestigt. Ich konnte sehen, wie seine Gedanken ratterten, als sein Blick nach oben und dann wieder zu mir wanderte. Er versuchte, die Informationsfetzen, die ich ihm gegeben hatte, zu entschlüsseln und einen Weg zu finden, wie die Dinge funktionieren könnten.

Und dann fiel mir auf, dass er das Wort „wir" benutzt hatte. Natürlich sprach er nur über eine Idee, die ihm jemand präsentiert hatte, aber er sprach, als würden wir gemeinsam eine Entscheidung treffen.

Das brachte mich zum Lächeln.

Ryan bemerkte die Veränderung. „Worüber grinst du so, Mister?"

„Ach, nichts." Ich beschloss, cool zu bleiben. „Ich weiß es einfach zu schätzen, dass du mir hilfst, das alles zu durchdenken. Es ist eine große Entscheidung, ein Unternehmen zu verlassen und etwas Neues zu beginnen."

„Ja, aber ich bewundere dich dafür, dass du es in Betracht ziehst."

„Das tust du?" Das Flattern wurde stärker.

Er nickte: „Es gehört viel Mut dazu, die Sicherheit eines Unternehmens zu verlassen und etwas Neues zu beginnen.

Die meisten Leute scheitern, wenn sie ein Unternehmen gründen, aber du wirst nicht zu ihnen gehören."

Süße Mutter der Perle. Er glaubte an mich. Ich musste den Drang bekämpfen, einen Freudentanz aufzuführen. Mein Inneres vollführte bereits einen.

„Danke", quietschte ich, bevor ich einen schnellen Schluck nahm, um meine plötzlich ausgetrocknete Kehle zu befeuchten.

Den Rest des Abendessens verbrachten wir damit, uns über Kleinigkeiten zu unterhalten. Die Herbst-Softball-Saison in Atlanta hatte begonnen und ich freute mich darauf, wieder auf dem Feld zu stehen. Ich war einem Team namens Slippers zugeteilt worden. Ryan scherzte, dass ich in Stöckelschuhen spielen müsste. Als er mich fragte, welche Position ich spiele, hob er wieder die Brauen.

„Pitcher, ja. Ich hatte dich auf einer anderen Position vermutet."

Ich gluckste: „Echt jetzt? Reden wir immer noch über Softball?"

Er hob sein Glas. „Sag du es mir. Ich liebe einen gut trainierten Spieler."

„Sagen wir einfach, ich bin ein *Team*player."

„Du würdest also zulassen, dass ich deine Position wechsle, wenn ich wollte?"

„Setzen Sie mich ein, Coach." Ich salutierte mit meinem eigenen erhobenen Glas.

Seine Augen funkelten und sein Lächeln wurde breiter, als er meinen Blick erwiderte.

Kapitel 20

Die Einweihung

In den nächsten Wochen herrschte reges Treiben. Evan und ich suchten nach neuen Büroräumen und wurden bei einem Gebäude fündig, das einer Insolvenzanwältin gehörte, die ein paar Büros zu vermieten hatte. Wir nahmen das untere Stockwerk, das aus zwei Büros, einem kleinen Konferenzraum, einem Lagerraum für Akten und einer Toilette bestand. Die Anwältin war eine ältere Dame, die eine Vorliebe für Vergoldungen hatte, deshalb war der Raum wie ein französischer Palast eingerichtet. Es gab nicht viel Bewegungsfreiheit, aber es war schick. In meinem Büro standen ein eleganter Kirschholzschreibtisch, der das Lampenlicht wie ein Spiegel reflektierte, und hochlehniger Sessel mit Kugelfüßen. Das erinnerte mich an eine Folge der *Antiques Roadshow*, in der die blonden Zwillinge Esszimmerstühle mit denselben Füßen vorgeführt hatten. Sie waren wirklich cool.

Die Jungs aus Utah prüften uns auf Herz und Nieren. Dazu gehörten Lernsoftware, die auf Laptops geladen war, und vier Zentimeter dicke Ordner. Nach dem ersten Tag tat mir der Kopf weh. Ich war noch nie so schlau wie ein Wissenschaftler, aber ich war heller als die durchschnittliche

Glühbirne. In der Monotonie dieser Sitzungen fragte ich mich, wie schwach eine Glühbirne eigentlich werden konnte. Meine Glühbirne flackerte bereits, als wollte sie noch einmal knallen und nie wieder leuchten.

Ich war froh, dass Evan sich um den Verkauf kümmerte, denn ich hätte den Ordner aus dem Fenster geworfen, bevor ich ihn zu Ende gelesen hätte. Alles, was ich wissen musste, waren die Grundlagen und wie ich Banken und anderen Unternehmen unser Geschäft erklären konnte.

Während des ganzen Trubels hielt ich an meinem Feierabendritual fest, bei dem ich mir einen einsamen Apfel im Supermarkt kaufte und dann ins Fitnessstudio ging. Ryan und ich mailten und chatteten mehrmals am Tag. Er wollte sich immer gerne am Samstag oder Sonntag zum Mittagessen treffen, aber er hatte immer einen Grund, warum wir nicht zu Abend essen konnten. Es war seltsam, aber ich war zu beschäftigt, um mir darüber Gedanken zu machen.

Am vierten Samstag nach meiner Kündigung bei Think! trafen Ryan und ich uns zum Mittagessen in einem Diner in der Nähe des neuen Büros. Ich war stolz auf unser kleines Unternehmen und wollte die schicke Bude meinem ... was auch immer er zu diesem Zeitpunkt war? – zeigen. Date? Wir hatten schon ein Dutzend Dates gehabt, alle entweder zum Mittagessen oder zum Kaffee. Wir hatten noch nie weiter gegangen als uns ein paar Mal zu küssen. Warum war das so?

Ausnahmsweise ließ mein Fische-Gemüt ein Thema ruhen, ohne beide Seiten in die Mangel zu nehmen. Ich mochte Ryan, und ich war mir ziemlich sicher, dass er mich auch mochte. Seine Augen sagten mir, dass er das tat. Wir dateten uns seit ein paar Monaten, das war alles. Es war nicht mehr als das. Ich wollte, dass es mehr wurde, aber ich erlaubte mir nicht, es als mehr zu betrachten, bis es tatsächlich passierte.

Beruhige dich, Michael. Atme durch. Es ist nur ein Date.

„Ich kann es kaum erwarten, dein neues Büro zu sehen. Klingt protzig", meinte Ryan zwischen zwei Bissen Egg Benedict. Das Diner war für uns beide neu, ein kleines Frühstückslokal namens Le Peep. Auf dem Schild vor dem Lokal war ein pelziges, gelbes Küken abgebildet, das aus einem frisch aufgeschlagenen Ei herausschaute. Das war es, was uns angelockt hatte. Es war niedlich. Wie sich herausstellte, war das Essen fantastisch und die Bedienung ein echter Brüller. Unsere Kellnerin Betty (ja, das ist auch der Name meines Lieblings-Saturn) bewarf Ryan buchstäblich mit Süßstoffpaketen, als er nach mehr fragte, und stürmte dann davon, als wäre sie sauer über seine unerträgliche Bitte gewesen. Es war alles nur gespielt, Teil des Charmes dieses Ortes, und wir genossen jede Minute.

„Das ist es wirklich. Es ist nicht viel Platz, aber es reicht für uns beide."

Wir sprachen über die ersten Wochen der Ausbildung, über die Jungs aus Utah und ihre Ansichten über das Geschäft und darüber, wie Evan und ich die Sache angehen wollten. Ryan hörte aufmerksam zu, stellte Fragen und unterbreitete Vorschläge. Es war, als hätte ich meinen eigenen persönlichen Business Coach – einen wirklich heißen Coach mit einem engen, puderblauen Shirt, das seinen Bizeps genau richtig umspielte.

Ich nahm einen Schluck eiskaltes Wasser, um mich abzukühlen.

Betty kam schließlich vorbei, schimpfte mit uns, weil wir unsere Teller nicht gründlicher leer gegessen hatten, und warf Ryan die Rechnung vor die Nase. Wir lachten, als wir zur Tür hinausgingen. Betty zeigte uns den Vogel und lächelte uns breit an.

Le Peep wurde gerade zu unserem neuen Lieblingsfrühstückslokal.

Das Büro war nur fünf Minuten vom Restaurant entfernt, und die Anwälte arbeiteten nur selten am Wochenende, also fanden wir das Lokal dunkel und gut verschlossen vor.

„Heilige Scheiße. Du hast nicht gescherzt, als du gesagt hast, dass der Boss schickes Gold mag." Ryan drehte den Kopf und betrachtete die hohen Decken und vergoldeten Verzierungen. Er ging durch den Eingang auf ein anmutiges Gemälde zu, das die gesamte hintere Wand einnahm, und pfiff dann. „Das ist ein *Original*. Ich wette, sie hat mindestens zwanzigtausend dafür bezahlt."

„Dollars?" Ich stolperte fast.

Er drehte sich um und nickte: „Ja. Das Ding ist atemberaubend."

Ich zeigte ihm den Konferenzraum, dann Evans Büro und führte ihn schließlich die Treppe hinauf in den schönsten Raum des Gebäudes, den privaten Konferenzraum der alten Anwältin. Kirschholz und poliertes Silber schimmerten überall. An der gegenüberliegenden Wand stand ein Buffet mit mehreren riesigen Kerzenleuchtern, auf denen hohe, weiße, nie angezündete Kerzen angebracht waren. Zwanzig elegante Stühle säumten den Tisch in der Mitte. Vor jedem hochlehnigen Stuhl befanden sich ein Kristallwasserglas, ein Schreibblock und ein Stift. Ein schwacher, ledriger Geruch zog von den Matten, auf denen diese Gegenstände lagen, durch den Raum.

Ryan pfiff wieder und ging auf die andere Seite, um eine Vase zu begutachten. „Ist das Ding echt?", fragte er und kniete sich hin, um darunter zu schauen.

„Keine Ahnung. Aber wahrscheinlich, so wie ich die Besitzerin kenne."

Er schaute sich ein letztes Mal im Raum um, dann gingen wir wieder nach unten in mein Büro.

„Das ist meine kleine Ecke." Ich winkte mit der Hand.

„Sehr schön." Er überflog das Bücherregal, dann ging er um meinen Schreibtisch herum und ließ sich in meinen ledernen Bürostuhl fallen. „Der ist gemütlich. Ganz schön federnd."

Ich gluckste: „Das ist er."

„Lässt sich deine Tür abschließen?"

„Äh, klar."

Ich wusste nicht, warum, aber mein Herz begann zu rasen.

„Schließ ab und komm her. Ich will dich küssen und ich möchte dabei lieber nicht gestört werden."

Ich grinste: „Ja, Sir. Aber ich bezweifle, dass heute jemand reinkommt."

„Tu einfach, was dir gesagt wird, junger Mann." Er deutete auf das Schloss.

Mein Grinsen wurde noch breiter.

Er packte mich um die Taille, als ich in Armreichweite war, und zog mich auf seinen Schoß. Es dauerte einen Moment, in dem ich mit den Beinen strampelte, bis ich richtig saß. Ich bin mir nicht sicher, wie wir es geschafft hatten, aber meine Beine glitten schließlich über die Armlehnen des Stuhls, während mein Hintern auf seinem Schoß landete. Es war nicht bequem, aber ich wagte nicht, mich zu bewegen.

Er griff mit beiden Händen nach oben, zog mein Gesicht zu sich und presste seine Lippen in unserem bisher leidenschaftlichsten Kuss auf meine. Seine pralle Unterlippe verschlang meine, als er in zwei bis drei Sekunden von Null auf Sechzig schaltete.

Seine Umarmung war energisch, aber das erste Kitzeln seiner Zunge war zaghaft, fragend. Ein warmer Schauer durchfuhr meine Brust, und ich antwortete mit meiner eigenen Zunge, die seine Unterseite erforschte.

Er stöhnte auf.

Alle Fragen verschwanden. Ich hatte mir das in den letzten Wochen so sehr gewünscht, dass ich mich in seiner Umarmung verlor. Meine Hände fanden ihren Weg zu seiner Brust, zeichneten ihre Konturen nach und griffen nach ihrer Festigkeit. Seine Finger streichelten meinen Rücken, kitzelten meinen Nacken. Der Stuhl quietschte, als er sich bewegte, und ich merkte, dass er unter dem Gewicht und dem Knirschen meines Hinterns härter geworden war. Ich drückte mich gegen ihn und ließ ihn noch mehr zucken.

„Ich will dich, Michael."

„Du kannst haben, was du willst."

„Ich will in dir sein. Jetzt."

Ich zog meinen Kopf zurück und runzelte eine Braue. „Jetzt? Hier? In meinem Büro?"

Er grinste und nickte: „Genau hier. Genau jetzt. Du hast es selbst gesagt – niemand wird hereinkommen."

Er griff nach unten und begann, den Bund meiner Shorts zu lösen.

Ich rappelte mich auf, bis ich vor ihm stand. „Meinst du das ernst?"

Die einzige Antwort war das Geräusch meiner Hose, die auf dem Boden aufschlug. Da ich nur selten Unterwäsche trug, starrte Klein-Michael mit seinem einen guten Auge neugierig zu ihm hoch.

Ryan starrte ihn an, dann hob sich sein Blick, um meinen zu treffen. „Verdammt."

Ich half ihm mit seiner Hose und stellte amüsiert fest, dass er auch keine Unterwäsche trug.

„Heilige Scheiße, ist der groß", platzte ich heraus.

Er gluckste: „Und er gehört ganz dir. Willst du ihn?"

„Aber ja. Auch wenn ich vielleicht eine Minute brauche."

Sein Schwanz war perfekt. Einundzwanzig Zentimeter lange, geäderte Männlichkeit, leicht nach oben gewölbt und gekrönt von einer rosafarbenen, beschnittenen Pilzspitze, die darum bettelte, geleckt zu werden.

Ich hatte nie die Gelegenheit dazu.

Ryan packte meine Hüften mit beiden Händen und drängte mich in seinen Mund. Er nahm Klein-Michael bis zu meinen Eiern, bevor ich wusste, wie mir geschah.

Verdammt, er musste nicht einmal würgen.

Mein ganzer Körper verkrampfte sich.

Ganz sanft zog er sich zurück, ließ seine Lippen an meinem Schaft entlang und seine Zunge um den Rand meiner Eichel gleiten. Die Spitze behielt er dabei im Mund und spielte abwechselnd mit seinen Zähnen und seiner Zunge daran herum. Trotz seines eisernen Griffs um meine Hüften musste ich mich auf dem Schreibtisch abstützen. In meinem Büro drehte sich alles.

Als ich bis zum Anschlag steif wurde, ging er dazu über, meinen Schwanz langsam zu verschlingen, indem er ihn sanft mit den Zähnen abtastete und mich bei jeder Bewegung ganz in sich aufnahm.

Dann hörte er auf und lehnte sich zurück. „Zieh dein Shirt aus."

Mit einer Bewegung, die an eine Parfümwerbung erinnerte, griff ich nach meinem Shirt, zog es mir über den Kopf und warf es in die Ecke.

Ryans Augen weiteten sich anerkennend, als er über meine immer noch wachsenden Bauchmuskeln strich. „So schön."

Ich errötete. „Danke."

Er gluckste: „Ich mag es, wenn du verlegen wirst. Dann will ich dich noch mehr."

Die Rötung vertiefte sich. „Und *dein* Shirt?"

Er lehnte sich auf dem Stuhl nach vorne und zog sein T-Shirt aus, so dass die schönste Brust und wunderbarsten Schultern zum Vorschein kamen, die ich je gesehen hatte – und ich hatte in meinem kurzen Schlampenleben schon einige Schönheiten gesehen. Seine Brustmuskeln waren so groß, dass sie sogar einen Schatten warfen. Ich konnte nicht sprechen. Ich starrte ihn nur an.

„Du kannst mehr tun, als nur zu schauen. Er gehört ganz dir."

Ich konnte nicht glauben, dass das gerade tatsächlich passierte. Ryan war unglaublich: klug, heiß, erfolgreich, und er wollte mich – in meinem Büro. Ich wartete darauf, dass ich aus dem Traum erwachte oder dass jemand an die Tür klopfte, aber beides passierte nicht. Dann schoss mein Blick zur Tür und ein aufgeregtes Kribbeln durchfuhr mich bei der Vorstellung, erwischt zu werden. Was taten wir hier – in meinem Büro? Was, wenn einer der Anwälte oder ihre Mitarbeiter hereinkamen? Was, wenn Evan auftauchte? *Er hatte einen Schlüssel.*

Die Aufregung, mit der Gefahr zu tanzen, überwog die Vernunft und ich drehte mich mit Hunger in den Augen um.

Ryan griff nach unten und streichelte sich. Jeder Rest an Kontrolle, den ich noch hatte, verschwand.

Seine andere Hand packte meinen Rücken und zog mich auf seinen Schoß, wie wir es schon einmal getan hatten, aber dieses Mal war es ganz anders. Es gab keine Shorts zwischen meinem Hintern und seinem Schwanz. Er presste sich an mich und ich spürte, wie sehr er in mir sein wollte. Er pulsierte und zuckte. Ich drückte mich gegen ihn und er drückte mich nach unten.

„Hast du Gleitmittel?"

Ich konnte mir ein Lachen nicht verkneifen. „In meinem Büro? Äh, nein."

Er gluckste: „Dann müssen wir es wohl auf die altmodische Art machen."

Ich legte den Kopf schief und hatte absolut keine Ahnung, was er meinte – bis er auf seine Handfläche spuckte.

„Das meinst du doch nicht ernst, oder?"

Er befeuchtete seinen Schwanz unter mir, ohne den Blickkontakt zu verlieren – und ohne mir zu antworten.

Er spuckte wieder in seine Handfläche. Ich beobachtete ihn fasziniert und war mir nicht sicher, ob das noch eine gute Idee war.

Diesmal fuhren seine Finger über mein Loch, befeuchteten es und strichen mit leichtem Druck über seine Öffnung. Ich zuckte zurück und erschauderte erneut. Die Spitze eines Fingers glitt hinein und er drehte sie langsam hin und her.

Ein weiterer Schauer durchfuhr mich, und ich drückte seine Schultern.

Er zog seinen Finger heraus, befeuchtete ihn erneut und führte ihn erneut ein. Dieses Mal tiefer.

Ich spürte seine Fingerknöchel. Dann glitt er vorbei. Er zog sich zurück, dann drückte er noch einmal hinein. Rein und raus, als mein Loch begann, seiner Berührung zu vertrauen.

Als sich ein zweiter Finger hineinschlich, verkrampfte ich mich.

„Ganz ruhig, Baby. Entspann dich einfach." Er befeuchtete seine Hand erneut, dann drangen zwei Finger in mein Loch ein, während er meine Brust küsste. Ich schloss meine Augen und ließ meinen Kopf zurückfallen. Seine Küsse und Finger drückten und tasteten sich vor, nicht mehr sanft, sondern eindringlich vor Verlangen und Begierde. Ich ertappte mich dabei, wie ich mich auf und ab bewegte und seine Finger immer weiter nach innen drängte.

Er zog sie heraus, und ich hörte, wie er seine Hand wieder nass machte. Ich wagte nicht hinzusehen.

Dieses Mal kehrten die Finger nicht in mein Loch zurück. Sein triefender Schwanz drückte gegen meinen Rand, sanft und steif zur gleichen Zeit. Ich glaubte, mehr als nur Spucke zu spüren, eine Geschmeidigkeit, die kein Wasser bieten konnte. Ich griff nach hinten, erregt davon, die ölige Glätte des Spermas zu spüren, und drückte nach unten, aber er hielt mich aufrecht, neckte mein Verlangen mit seinem, verhöhnte mein Loch mit seiner Härte.

Dann drückte er sich in mich hinein.

„Owwwww!"

Gott, das tat weh.

Er zog sich zurück. „ Alles in Ordnung mit dir?"

„Wage es nicht, dich zurückzuziehen. Mach einfach langsam. Gib mir eine Minute. Du rammst gerade mir einen Mac-Truck in den Arsch."

Er lachte: „Du bist *so* romantisch."

„Halt einfach die Klappe und fick mich.“

„Wer ist jetzt herrisch?“ Er grinste.

Ohne Vorwarnung schob er sich ganz in mich hinein. Das Gewicht meines Körpers, der sich auf ihm spreizte, drückte seinen Schwanz so tief, dass er gegen eine innere Wand einer Kammer stieß, von der ich gar nicht gewusst hatte, dass sie existiert. Ich stöhnte auf, als der Schmerz in Ekstase umschlug. Mein Rücken wölbte sich.

Er hielt inne, schlang seine Arme um mich und hielt mich fest.

Ich schaute verwirrt zu ihm hinunter.

„Beweg dich nicht. Lass mich einfach in dir sein.“

Eine Hand umfasste meinen Rücken, während die andere meine Wange streichelte.

Wir haben es weder gerieben noch gevögelt oder gefickt. Es gab nicht einmal einen weiteren Stoß.

Wir saßen einfach nur da – vereint als eine Person – und küssten uns.

KAPITEL 21

DREIERTELEFONAT

Also ist keiner von euch *zum Ende gekommen?*",
,, erkundigte sich Dwayne.

Ich hatte erst unser Mittagessen und dann den Rundgang durch das Büro beschrieben, ohne ein einziges Detail auszulassen. Die Leidenschaft, die ich in diesem Moment empfunden hatte, strömte nur so aus mir heraus. Verknallt beschrieb nicht mehr, was ich für Ryan empfand. Ich war ernsthaft dabei, mich in ihn zu verlieben. Connie war wieder bei dem Dreiergespräch dabei, und meine geschützte PK-Sensibilität war peinlich berührt von der expliziten Diskussion über unsere Eskapade. Ja, sie und ich hatten alles miteinander geteilt und über mehr Hintern, Brüste und Würstchen gesprochen, als ich zählen konnte, aber die Tatsache, dass ich meine eigenen privaten Erfahrungen nun mit ihr teilte, verwandelte mich in einen peinlichen Teenager.

„Nun, nein. Er hat gesagt, dass er sich das aufheben will, dass er in diesem Moment nur mit mir als einer Person zusammen sein will."

Connie seufzte laut in den Hörer. „Das ist das Romantischste, was ich je gehört habe."

Dwayne schnaubte.

„Das fand ich auch", sagte ich. „Das Küssen war unglaublich, vor allem, als er, du weißt schon, *da drinnen* war."

Connie kicherte.

„Nach all dieser Zeit bist du immer noch verlegen, wenn du über Sex sprichst. Wir haben noch so viel Arbeit vor uns, Connie", stellte Dwayne fest.

Sie kicherte wieder: „Ich weiß nicht. Unserem kleinen Küken scheinen jeden Tag neue Federn zu wachsen."

„Ihr wisst schon, dass ich auch in der Leitung bin, oder?"

Das sorgte für eine weitere Runde Belustigung auf der Galerie.

„Ich kann immer noch nicht glauben, dass du das *in deinem Büro* gemacht hast. Wie kannst du jemals wieder in diesem Stuhl sitzen und nicht an diesen Tag denken?"

Hm. Daran hatte ich noch gar nicht gedacht. Jetzt hat sie einen Samen gepflanzt.

Verdammt noch mal.

„Ja, du wirst dort sitzen und Zahlen rechnen oder an einer Tabelle arbeiten und dein Hintern wird jedes Mal kribbeln, wenn das Leder knirscht." Dwayne gefiel dieses Gespräch.

„Ha ha. Sehr witzig. Ich bin ein Profi. Ich kann damit umgehen."

Er schnaubte: „Ein Profi, der gerade seinen Freund in seinem Bürostuhl gebumst hat."

„Er ist nicht mein Freund. Zumindest glaube ich, dass er es noch nicht ist. Wir haben noch nicht darüber geredet." Wir dateten uns nun seit fast zwei Monaten, gingen samstags und sonntags zum Mittagessen und chatteten mehrmals am Tag online oder telefonierten. Waren wir deshalb schon ein Paar?

„Und, wie seid ihr auseinander gegangen?", wollte Connie wissen.

Meine Stimmung wurde nüchterner. „Das ist eher der Teil, den ich euch beide fragen wollte. Es war seltsam. Wir sind

in meinem Bürostuhl gesessen, und seine Uhr hat geklingelt.
Er hat nach unten geschaut und diesen Gesichtsausdruck
bekommen. Es war keine Angst, aber es war *etwas*. Er hat
wieder hochgeschaut und uns sanft voneinander weggezo-
gen, dann hat er mir gesagt, dass er noch woanders hinmüsste.
Es war alles so ... ich weiß nicht. Abrupt."

„Hat er dir gesagt, wo er hin wollte?", fragte Connie.

„Nein, nur, dass er irgendwo hin musste. Schon die Art
und Weise, wie er es formuliert hat, hat mir die Haare zu Berge
stehen lassen."

Dwayne grunzte: „Ich bin mir nicht sicher, ob du weißt,
was in diesem Moment zu Berge gestanden hat, aber lassen
wir das mal so stehen. Du hast solche Dinge schon früher über
Ryan gesagt, dass er unter der Woche nicht zum Essen kommt
und sich manchmal etwas zu schnell aus dem Chat ausloggt.
So sehr ich es auch mag, dich zu ärgern, aber dein Bauchgefühl ist zuverlässig. Du solltest dem Gefühl vertrauen."

„Was soll das heißen? Was willst du damit sagen?"

Dwaynes Atem kam rasselnd über die Telefonleitung,
während er nachdachte. „Du kennst Ryan. Wir nicht. Nach
allem, was du uns erzählt hast, scheint er ein toller Typ zu
sein, den man kennenlernen sollte. Sei einfach vorsichtig. Du
hast Alarmzeichen wahrgenommen; sie könnten nichts sein,
aber auch etwas bedeuten. Halte die Augen offen und hüte
das letzte Stückchen deines Herzens, das du ihm noch nicht
gegeben hast."

„Ich habe ihm noch nichts -"

„Aha. Doch, das hast du. Versuch gar nicht erst, es zu
leugnen", schaltete sich Connie ein. „Und das ist erstaunlich,
aber Dwayne hat recht. Wenn du etwas riechst, musst du
vorsichtig sein."

KAPITEL 22

GOLDEN GATE

Als Ryans monatlicher Ausflug ins Hauptquartier anstand, lud er mich ein, ihn zu begleiten.

Ich war überwältigt. Noch nie hatte mich jemand zu einer Reise eingeladen, schon gar nicht quer durchs Land ins Heilige Land der Schwulen. Ich war auch noch nie in San Francisco gewesen, und er sagte, er wolle mir zeigen, wie seine Reisen so aussehen.

Er erklärte mir, dass er durch seine vielen Dienstreisen so viele Vielfliegerpunkte gesammelt hatte, dass er sie niemals alle ausgeben könnte. Die gesamte Reise, abzüglich der Mahlzeiten, würde von Anbietern und Punkteprogrammen bezahlt werden. Er berichtete von einem Luxushotel, feinen Restaurants, einem schwarzen Auto und jeder Menge Freizeit, um die Stadt zu erkunden und Touristen zu spielen. Es hörte sich an wie ein viertägiges Michael-Verwöhnprogramm-Dreh.

Nach ein paar Minuten des angemessenen „Oh, das kann ich nicht annehmen", dem mit „Oh, doch du kannst" gekontert wurde, brach meine Verteidigung zusammen und ich stimmte endlich zu. Es stand nie eine Frage, ich war nur höflich mit meiner Absage – und er wusste es. Hinterhältiger Mistkerl.

Zwei Tage später geleiteten uns die netten Leute von American Airlines zu unseren Erste-Klasse-Sitzen und boten uns ein kostenloses Glas Champagner an. War das auf Flügen normal? Ryan grinste breit, als er der Flugbegleiterin eine Sektflöte abnahm und sie mir reichte. Ich war bereits Wachs in seinen Händen. Zusammen mit dem Alkohol wurde es ein wirklich lustiger Flug.

Als wir den Flughafen verließen, fuhr ein schwarzer Geländewagen an den Bordstein heran. LOWELL stand in großen Lettern auf einem Schild im Fenster. Ich hatte ein Auto erwartet, aber dieser aufgemotzte Geländewagen war ziemlich heiß.

Ryan hatte wegen des Hotels nicht gelogen. Heiliger Bimbam, seine Firma hatte ihn in einer schicken Bude untergebracht. Unser Zimmer lag hoch oben in einem Wolkenkratzer und bot einen Blick auf die Stadt und die Bucht, den ich nur von Postkarten her kannte. Ich stellte meine Reisetasche ab und ließ mich auf das Bett fallen. Es verschluckte mich. Zwischen der plüschigen Bettdecke und der himmlischen Matratze war ich mir nicht sicher, ob ich mich jemals wieder bewegen wollte – bis Ryan auf mich sprang und anfing, mich zu kitzeln.

„Wenn ich überall hinpinkle, musst du uns ein neues Zimmer besorgen", rief ich zwischen zwei Keuchern.

Er heulte vor Vergnügen und drückte seine bösen Finger noch fester in meine Rippen.

Wir gingen zum Mittagessen in die Sportbar in der Lobby und dann nahm mich mein Reiseführer mit auf einen Rundgang durch die Innenstadt. Das war das erste Mal, dass ich mit einem Mann Händchen hielt, während ich durch die belebten Straßen lief. Meine Augen huschten von einem Passanten zum nächsten, in Erwartung einer abfälligen Bemerkung oder eines bösen Blicks, aber niemand schenkte uns Beachtung.

Als wir in unser Zimmer zurückkehrten und die Tür zufiel, packte mich Ryan um die Taille und warf mich auf den gepolsterten Stuhl in der Ecke. Er schlang seine Arme um mich und küsste meinen Hals. Zwischendurch küsste er mich und ratterte unsere Agenda für die Woche herunter.

„Wir müssen zur Golden Gate Bridge.“

„Werden wir darüber laufen?“, fragte ich.

„Nein. Der Weg ist sehr lang und würde uns zu viel Zeit kosten.“

„Okay. Was noch?“

„Mal sehen, da gibt es Chinatown, den Castro District, Alcatraz -“

„Alcatraz? Wie *das* Alcatraz? Das Gefängnis?“

Er gluckste über meine Begeisterung. „Ja. Es ist seit Jahren als Gefängnis geschlossen, aber sie machen Führungen. Sei lieber brav, sonst sperre ich dich ein.“

„Und wenn ich mit dir zusammen eingesperrt werden will?“ Meine Augen funkelten plötzlich vor Schalk. „Vielleicht sollten wir uns die Duschen ansehen, damit ich die Seife fallen lassen kann. Ich habe gehört, dass das zu interessanten Begegnungen im Gefängnis führen kann.“

„Du bist böse.“ Er küsste wieder meinen Hals. „Außerdem, wenn du die Seife fallen lassen willst, gibt es nirgendwo eine bequemere Dusche als in diesem Hotelzimmer.“

„Mr. Lowell, wollen Sie mir einen Antrag machen?“

Er grinste: „Ich werde dir die Seife aus der Hand schlagen, wenn es sein muss. Diese Woche gehörst du ganz mir.“

Ich beugte mich vor und knabberte an seinem Ohrläppchen. „Ja, Sir. Alles, was Sie wollen, Sir. Ich gehöre ganz Ihnen, Sir.“

„Endlich bringt er mir den nötigen Respekt entgegen. Vielleicht wird das ja doch ein toller Ausflug.“

Damit handelte er sich einen spielerischen Schlag auf den
Arm ein.

· · · • · • · · ·

Ryan nahm sich den nächsten Tag frei und wir besuchten die
bereits erwähnten touristischen Ziele. Wie versprochen, war
die Aussicht von der Golden Gate Bridge atemberaubend.
Mir war nie bewusst gewesen, wie breit die Bucht von San
Fran ist. Ein Schild, an dem wir vorbeifuhren, schätzte die
Gesamtfläche der Bucht auf viertausendeinhundertvierund-
vierzig Quadratkilometer. Die allgegenwärtige Brise ließ das
Wasser mit seinen weißen Schaumkronen in alle Richtungen
strömen.

Der Castro war atemberaubend. Überall wehten Regen-
bogenflaggen. Sogar die Bürgersteige waren nicht mehr ein-
tönig, sondern in festlichen Farben gehalten. Buchläden,
sowohl von der Sorte Peep als auch von der Sorte Literatur,
reihten sich an Restaurants, Geschenkeläden, Bars ... und
alles Mögliche.

Und dann waren da noch dieses offene Zurschaustellen
von Zärtlichkeiten. Verdammt, das ist noch milde ausge-
drückt. Die Jungs waren praktisch nackt und trieben es auf
der Straße. Abgesehen von dem einen Obdachlosen, der auf
den Bürgersteig pinkelte, sah ich niemanden, der *wirklich*
nackt war, aber sie waren verdammt nah dran, und ich hatte
das Gefühl, dass nach Einbruch der Dunkelheit keine Wet-
ten mehr abgeschlossen wurden. San Fran hatte einfach diese
Ausstrahlung. Es war aufregend und beängstigend zugleich.

Ich fühlte mich wie ein neugeborener Schwuler mit großen
Augen und aufgerissenem Schnabel.

Chinatown entpuppte sich als mein Lieblingsviertel. Ich
war schon immer fasziniert von allem, was asiatisch ist, und
dieses Viertel enttäuschte mich nicht. Ein Geschäft nach

dem anderen bot Lebensmittel an, die ich nicht identi-
fizieren konnte, und Antiquitäten aus der Zeit der chinesischen Geschichte, über die ich Jahre zuvor im Collegeunter-
richt gelesen hatte. Es fühlte sich an, als wäre ich in der Zeit
zurückgereist.

Ich traf eine Gruppe buddhistischer Priester, die auf dem
Weg von ihrem Tempel zu einem lokalen Restaurant waren.
Sie gaben mir eine Einführung in die Geschichte Chinatowns
und empfahlen mir die besten Geschäfte und Restaurants,
die den meisten Touristen nicht auffallen würden. Bevor wir
uns trennten, griff einer der Priester in eine Tasche seines
Gewandes und holte zwei Münzen heraus, in deren Mitte
ein Quadrat ausgehöhlt worden war. In das bronzene Metall
waren verblasste chinesische Schriftzeichen eingeprägt.

„Nimm diese, um dich an uns zu erinnern." Er zeigte auf
eines der Symbole. „Das ist Kangxi. Er war Kaiser während
der Qing-Dynastie im siebzehnten Jahrhundert. Ich spüre
seinen Geist in dir."

Ich starrte auf die Münzen in meiner Hand. „Die kann ich
nicht annehmen. Sie sind so alt. Sind sie nicht wertvoll?"

Er gluckste. „In China ist alles alt. Diese Münzen sind
alltäglich. Nimm sie. Ich hoffe, sie bringen dir Glück."

Ich bedankte mich bei ihm und wir verabschiedeten uns.
Ich verstand nicht, wie Münzen Glück bringen konnten oder
wie Kangxi in meinem Geist lauern konnte, aber es war das
coolste Souvenir, das ich mir hätte wünschen können.

Ryan musste an den anderen Tagen unserer Reise arbeit-
en, also schlenderte ich allein durch die Stadt und genoss es,
die Geschäfte von Chinatown zu erkunden. An den meisten
Abenden bestellten wir den Zimmerservice und sahen uns
Filme auf dem wandgroßen Flachbildschirm an.

Am Valentinstag fütterten wir uns gegenseitig mit schoko-
ladenüberzogenen Erdbeeren und tranken Champagner.
Ryan bestand darauf, dass wir beim ersten Schluck unsere
Arme ineinander verschränkten. Wir bewiesen, wie unkoor-

diniert wir beide bei diesem Manöver waren und lachten die ganze Zeit wie Schulbuben.

Es war eine der romantischsten Wochen, die ich je erlebt hatte.

Kapitel 23

Schock und Ehrfurcht

Ryan und ich waren am nächsten Tag zum Mittagessen verabredet. Als ich mich gerade anziehen wollte, klingelte das Telefon.

„Hey." Ryans Stimme klang seltsam.

„Hey du. Alles in Ordnung? Bleibts beim Mittagessen?"

Einen langen Moment lang sagte er nichts. Als er dann sprach, war es klar, dass er geweint hatte. „Ich will dich nicht verlieren."

Was zur Hölle?

„Ryan, was ist hier los? Sprich mit mir."

„Du könntest gehen, wenn ich es dir sage ..."

Ich wartete, während er sich sammelte.

„Michael, ich bin verheiratet."

Mein Verstand konnte nicht verarbeiten, was er gesagt hatte. Alle meine Schaltkreise waren gleichzeitig überlastet. Ich konnte mich nicht bewegen, konnte nicht atmen. Ich konnte keine Worte formulieren.

„Du bist ... was?"

„Ich bin verheiratet. Ihr Name ist Diane. Wir sind seit achtzehn Jahren verheiratet."

Ich kann mich nicht daran erinnern, dass ich mich auf die Couch gesetzt oder den Fernseher ausgeschaltet hatte.

„Wir haben zwei Kinder. Einen achtjährigen Jungen und ein fünfjähriges Mädchen.“

Ich wollte, dass er aufhörte zu reden, dass er aufhörte, mir das alles zu erzählen. Wir wollten doch einfach nut zum Mittagessen gehen. Wir sollten uns ineinander verlieben. Er sollte … so viel.

Die Wände meiner Wohnung begannen sich zusammenzuziehen, und ich wischte mir die Tränen von der Wange.

„Es tut mir so leid, dass ich es dir nicht schon früher gesagt habe. Ich hätte nie gedacht, dass ich einen Mann treffen würde, der solche Gefühle in mir auslöst. Ich dachte, es wäre alles nur Spaß, dass es nichts bedeutet, wie ein Experiment.“

Wut kochte hoch. „Du dachtest, wir wären ein Experiment?“

„Nein, natürlich nicht. Ich meine, am Anfang, aber jetzt nicht mehr.“ Er machte seiner Verzweiflung Luft. „Michael, ich habe mich in dich verliebt. Das sollte nicht passieren – in niemanden. Ich wollte nicht, dass es passiert. Jetzt kann ich nur noch daran denken, mit dir zusammen zu sein.“

„Aber du bist verheiratet und *hast Kinder*. Wie soll das funktionieren?“

„Ich weiß es auch nicht. Ich weiß nur, dass ich nicht ohne dich sein will.“

Was hätte ich dazu sagen sollen? Ich wollte mehr als alles andere mit ihm zusammen sein, aber der Ryan, in den ich mich verliebte, war nicht der Mann, den ich glaubte gerade kennenzulernen. Der echte Ryan war seit *fast zwanzig Jahren* verheiratet und hatte zwei Kinder. Was machte er dann online, traf sich mit Männern und verabredete sich mit ihnen? Hatte er so wenig Respekt vor seiner Frau und dem Versprechen, das er ihr gegeben hatte? Wie konnte er seine Familie nur so betrügen? Jetzt sprach er von uns, als wären wir ein Paar, als hätten wir eine Zukunft. Wie konnte ich ihm jemals vertrauen? Wenn er seine Frau und Kinder betrog, würde er dann ein Versprechen einhalten, das er mir gegeben hatte? Hatten seine Versprechen überhaupt eine Bedeutung?

Und dann hallte die Stimme meines Vaters mit einem Wort in meinem Kopf wider.

Ehebruch.

Ich hatte Sex mit einem *verheirateten Mann* gehabt. Das verstieß gegen so vieles, woran ich glaubte und was mir beigebracht wurde. Abgesehen von der Homosexuellen-Sache hatten wir etwas mit Füßen getreten, das ich immer für wertvoll gehalten hatte: eine Ehe zwischen zwei liebenden Leuten.

Meine Wut verwandelte sich in Elend, dann in Frustration und schließlich in Schuldgefühle.

Immer Schuldgefühle.

Meine Gedanken drehten sich so schnell, dass ich fast vergaß, dass ich den Hörer immer noch an mein Ohr gedrückt hatte. Dann sprach er wieder:

„Ich verstehe es, wenn du mich nie wieder sehen willst." Es lag so viel Schmerz in seiner Stimme. Es brach mir das Herz. Ich wollte – nein, ich *musste* – ihn trösten.

„Ryan, das ist nicht das, was ich will, aber …" Ich hatte Mühe, einen zusammenhängenden Gedanken zu fassen. „Ich weiß nicht, wie ich mich fühle oder was ich denken soll. Ich brauche etwas Zeit."

„Das ist in Ordnung", antwortete er schnell. „Nimm dir so viel Zeit, wie du brauchst. Ich bin da."

„Okay. Ja, ich weiß. Danke."

Mir gingen die Worte aus und ich legte den Hörer auf.

Kapitel 24

Schleudertrauma

Ich saß gegenüber von Connie auf dem Platz, den eigentlich Ryan einnehmen sollte. Sie aß ihr Hühnchen und ihr Gemüse und beobachtete mich dabei, wie ich Sprossen auf meinem Teller hin und her schob, ohne je eine zu probieren. Roasters war eines meiner Lieblingsrestaurants in der Stadt, aber mein Appetit war schneller verschwunden als mein Vertrauen in Ryan.

„Das ist scheiße", flüsterte ich, unfähig, ihr in die Augen zu sehen.

„Ja, das ist es."

Ich ließ mich in meinem Stuhl zurücksinken und spielte weiter mit meinem Essen.

Nach einigen Minuten brach sie das Schweigen: „Wirst du ihn wiedersehen?"

Ich schaute auf. „Wie kann ich das? Er ist *verheiratet*. Ich habe vieles von dem verraten, woran ich als Kind geglaubt habe, aber ich habe nie meinen Glauben an ein Versprechen verloren. Die Ehe, ob religiös gesegnet oder nicht, ist ein heiliger Schwur. Letztes Wochenende haben wir ihn quasi gebrochen."

„Ich bin mir ziemlich sicher, dass er ihn schon gebrochen hat, bevor er dich getroffen hat."

Ich verschränkte meine Arme. „Was meinst du damit?"

„Du glaubst doch nicht wirklich, dass du sein Erster bist, oder? Er kennt sich mit deinem Körper und deinem Mund aus, als hätte er das schon vorher getan. Zumindest hat es sich so angehört, als du deinen kleinen Bürobesuch beschrieben hast." Sie lächelte ein wenig, um die Stimmung aufzulockern.

Mein Stirnrunzeln wich nicht. „Ja. Er hat gewusst, was er tut. Das macht meinen Teil an seinem Ehebruch aber nicht besser. Ich fühle mich schrecklich für seine Frau und seine Kinder. Er hat zwei Kinder. Was würden sie denken, wenn sie wüssten, dass ihr Dad ihre Mutter mit Männern betrügt?"

„Wahrscheinlich nicht schlechter, als wenn er sie mit Frauen betrügt."

Ich rollte mit den Augen.

„Okay, wir sind hier im Süden. Du hast wohl Recht", gab sie zu.

„Was soll ich nur tun, Connie? Ich weiß, ich sollte ihm einfach sagen, dass ich ihn nicht mehr sehen kann, aber-" Meine Stimme blieb mir im Hals stecken.

„Du hast dich in ihn verliebt, oder?"

Ich schaute mit wässrigen Augen auf und nickte.

„Oh, mein Schatz."

Der Kellner erschien und fragte, ob etwas mit meinem ungegessenen Essen nicht stimme. Connie ersparte mir den Versuch zu sprechen. „Ihm geht es einfach nicht gut. Können wir eine Box zum Mitnehmen haben?"

Der Kellner warf mir einen mitfühlenden Blick zu, nickte Connie zu und ging davon.

Sie lehnte sich vor und nahm meine Hand. „Sieh mich an."

Ich hob langsam den Kopf.

„Du musst dich jetzt noch nicht entscheiden. Du hast gerade erst davon erfahren. Nimm dir ein oder zwei Tage Zeit, um alles sacken zu lassen, um herauszufinden, was du wirklich fühlst."

„Wie sollen ein paar Tage den Ring an seinem Finger verändern?", fragte ich. „Oh, warte. Er hat ja gar keinen getragen. Das war alles Teil der Täuschung."

Je mehr ich redete, desto wütender wurde ich. Ryan hatte nicht nur seine Familie betrogen, er hatte auch mich belogen, wieder und wieder. Sein Profil war eine Lüge. Seine Worte über seine Gefühle für mich waren gelogen. Sogar sein leerer Ringfinger war eine Lüge.

War er jemals aufrichtig gewesen?

Ich schäumte vor Wut, als der Kellner die Rechnung brachte. Connie kümmerte sich um alles, wahrscheinlich aus Angst vor dem Ausbruch, den sie kommen sah. Wenn es jemals eine Empathin auf dieser Welt gegeben hatte, dann war es Connie. Sie konnte ein Zucken quer durch den Raum spüren und wusste, wie sich jeder fühlte. Genau wie ihr Gedächtnis war auch das beängstigend.

„Hör mir zu. Alles, was du im Moment fühlst, ist normal. Ich würde mir Sorgen um dich machen, wenn du nicht voller Wut und Schmerz wärst, vielleicht noch mit einer ordentlichen Portion Schuldgefühlen dazu. Darin bist du gut. Sei nur nicht zu hart zu dir selbst – oder zu Ryan – bis du die ganze Geschichte kennst. Wenn er der Typ ist, für den du ihn gestern noch gehalten hast, hat er das redlich verdient. Du verdienst es auch."

Ich starrte sie an, dann wurde mein Blick sanfter. Sie hatte Recht. Ryan mochte ein lügender Betrüger sein, aber ich wusste, dass er ein guter Mann war, ein toller Typ. Scheiße, das hörte sich sogar in meinem Kopf schrecklich an. Warum musste das so schwer sein? Warum konnte ich nicht einfach jemanden wie Ryan treffen, mich in ihn verlieben und mir nie wieder Gedanken über Dates, Betrüger oder sonst etwas machen? Je länger ich dasaß und auf die raue Holztischplatte starrte, desto verwirrter, wütender, trauriger – und schuldbewusster wurde ich. Ich hatte nicht einmal bemerkt, dass Connie aufgestanden war. Sie wartete bereits seit ein paar Minuten darauf, dass ich auch aufstand.

„Steh auf. Du kannst zu Hause weiter schmollen.“

Endlich rang ich mir ein kleines Lächeln ab. „Ja, Mom.“

Sie klopfte mir spielerisch auf die Schulter, als ich aufstand. „Ich akzeptiere Ma'am, aber ich bin nicht deine Mama.“

Sie kicherte, und mein Lächeln wurde noch breiter. Gott, ich liebte sie.

· · • · • · ◉ · ◉ · • · · ·

Nach dem Mittagessen fuhr ich ins Fitnessstudio. Ich hatte zwar überhaupt keine Lust zu trainieren, aber ich hoffte, dass der Rausch einer guten körperlichen Ertüchtigung meine Stimmung heben würde. Das war meistens der Fall.

Im Fitnessstudio war nicht viel los, aber es gab immer ein paar Hotties, die dort herumstolzierten. Die meisten nahmen ihr Training ernst, aber einige sahen das Fitnessstudio eindeutig eher als soziale Einrichtung denn als Sportstätte. Die Aufreißer waren an diesem Tag in voller Stärke vertreten.

Zehn Minuten nach dem Aufwärmen auf dem Laufband drückte ich auf die Stopptaste und schleppte meinen Hintern nach Hause. Ich war den Tränen nahe. Keine noch so große Menge an Endorphinen konnte sie wegspülen.

Als ich nach Hause kam, loggte ich mich bei AOL ein und Ryan wartete bereits in meiner Freundesliste. Er schickte mir sofort eine Nachricht.

RAL2027: HEY!

Ich loggte mich so schnell ich konnte wieder aus.

Ja, ich war ein Weichei. Ihm so aus dem Weg zu gehen, war wahrscheinlich kindisch, aber ich war noch nicht bereit, ihm gegenüberzutreten. Das Wirrwarr an Gefühlen in meinem Bauch erinnerte mich an einen Wide World of Wrestling-Kampf und ich wusste nicht, wie ich die Runde beenden konnte. Das Letzte, das ich wollte, war, dass er mich fragte, wie es mir ging, oder sagte, dass er mich wiedersehen wollte.

Mein Gewissen, mit seinen weichgefeilten Ecken, die in diesen Tagen kaum noch Schmerz registrierten, fand immer noch Wege, um mein Herz bei dem Gedanken an ein Date mit einem verheirateten Mann zu stechen, selbst mit einem so tollen wie Ryan. Ich wollte alles irgendwie rechtfertigen, aber der moralische Kompass, der mir vor Jahren eingepflanzt wurde, ließ das nicht zu. Ich bezweifelte, dass selbst mein kleiner Teufel sich auf diesen Boden wagen würde.

Dann klingelte das Telefon.

Ich dachte mir, dass es Dwayne war. Seit dem Mittagessen war genug Zeit vergangen, dass Connie Verstärkung anfordern konnte. Sie hatte mich noch nie so gesehen und ich war mir sicher, dass sie Dwayne einweihen würde, bevor ich die Chance dazu hatte. Ich schnappte mir den Hörer und zog die Schnur über die Couch.

„Hallo?"

„Hey."

Es war Ryan.

Meine Kehle wurde plötzlich trocken. Mein Herz verwandelte sich in einen olympischen Sprinter. Ich öffnete den Mund, um etwas zu sagen – ich hatte keine Ahnung, was –, aber Ryan sprach zuerst.

„Ich habe es ihr gesagt."

Was? Wer war *sie*? Und was hatte er ihr gesagt? Er klang unglücklich, aber in seiner Stimme lag auch ein Hauch von etwas, das ich nicht zuordnen konnte. Hoffnung? Furcht? Ich war mir nicht sicher.

„Sie hat nichts nach mir geworfen, aber es wurde sehr viel geschrien. Sie hat gesagt, ich solle verschwinden."

Mein Herz bettelte darum, ihn zu umarmen.

„Ryan, wovon sprichst du? Ich kann dir nicht folgen.“

Es gab eine lange Pause.

„Ich habe Diane gesagt, dass ich … schwul bin. Sie hat mich gefragt, ob ich es ausgelebt habe, also habe ich ihr erzählt, dass ich auf Geschäftsreisen und ein paar Mal hier mit Jungs rumgemacht habe.“

Oh Scheiße.

„Ich habe ihr erzählt, dass ich das in den letzten fünf oder sechs Jahren einmal im Monat oder so gemacht habe. Ich kann es ihr nicht verübeln, dass sie geschrien hat oder verärgert war. Ich verstehe das. Was ich getan habe, war schrecklich – für uns beide.“

Ich wusste kaum, was ich sagen sollte. Ryan fing an zu weinen.

„Warum?“ Meine Stimme war nur noch ein Flüstern. „Warum hast du es ihr gesagt?“

Es dauerte eine weitere Minute, bis er aufhörte zu weinen. Solange ich lebe, werde ich die Worte, die er dann sagte, nie vergessen.

„Weil ich mich in dich verliebt habe.“

Ich hätte nicht gedacht, dass mein Herz noch schneller schlagen konnte, aber es tat es. Ich wusste nicht, ob es vor Angst oder vor Wut schlug – oder vor Aufregung, weil ich gerade erfahren hatte, dass der Mann, in den ich mich verliebt hatte, auch in mich verliebt war. Ich wollte ihn anschreien, weil er mich belogen und betrogen hatte, weil er seine Frau betrogen hatte, aber mein Herz sehnte sich danach, wieder in seine Arme zu fallen und seine Wärme zu spüren.

Ein überwältigendes Schuldgefühl löschte diese Glut, bevor sie sich noch entzünden konnte. Was für ein Mann hat so widersprüchliche Gefühle, wenn er betrogen wird? In wen hatte ich mich nur verwandelt? Ich war mir nicht sicher, ob mir die Antwort, die in meinem Kopf widerhallte, gefiel.

„Michael, bitte sag etwas.“

Wie lange hatte ich geschwiegen? Ich konnte kaum denken.

„Ich bin auch in dich verliebt", rutschte es mir heraus.

Was hatte ich da gerade gesagt, verdammt noch mal? Der Hörer fiel mir in den Schoß und meine Hand flog auf meinen Mund.

Ich versuchte, die Worte zu packen und wieder hinunterzuschieben, aber sie waren in den Hörer geflogen und wollten nicht mehr zurück. Ich wusste, dass es wahr war, dass ich mich in ihn verliebt hatte, aber in Anbetracht der Umstände war es das Letzte, das ich hätte sagen sollen. Ich sollte weggehen, für meine Prinzipien einstehen und mich weigern, seine Lüge mitzutragen.

War es überhaupt immer noch eine Lüge?

Er hatte reinen Tisch gemacht. Sicher, er hatte ihr Gelübde gebrochen – und ein paar Gesetze in Georgia – aber er *belog* Diane nicht mehr.

Ich hörte, wie er den angehaltenen Atem ausstieß. „Wirklich? Im Ernst? Sogar nachdem -"

„Ja, im Ernst." Scheiße, ich sank schnell. Warum habe ich gerade das bestätigt, was ich von vornherein gar nicht erst hätte sagen sollen?

Fuck. Fuck. Fuck.

Ich musste das in Ordnung bringen. „Ich weiß immer noch nicht, was ich von all dem halten soll. Du bist verheiratet und hast Kinder – und du hast mir nie etwas davon erzählt. Du hast nicht nur sie angelogen. Du hast auch mich die ganze Zeit belogen."

„Ich weiß." Seine Stimme war so leise, so voller Schmerz. „Es tut mir so leid. Ich wollte das Alles nicht, aber ich habe nicht gewusst, was ich tun sollte. Je besser wir uns kennen gelernt haben, desto mehr habe ich gemerkt, dass sich mein Leben verändern würde, und ich habe einfach nicht gewusst, wie ich mit den beiden Leben, die ich führe, umgehen soll."

Scheiße. Das würde schwer werden.

Als ich aufgewachsen war, hatte ich nicht gewusst, dass ich schwul war, ich hatte keine Ahnung gehabt. In der richtigen Konstellation hätte ich einfach Ryan sein können, verheiratet, mit Kindern und kämpfend mit meinen wahren Gefühlen. Mein Herz schlug wieder schneller.

„Wie hast du so lange so leben können?"

„Am Anfang war es einfach. Diane ist wirklich großartig. Wir waren glücklich und ich dachte, dass meine Anziehungskraft auf Männer einfach verschwinden würde, sobald wir verheiratet sind und Kinder haben."

„Ist sie das? Verschwunden, meine ich?"

„Ich denke schon – eine Zeit lang. Vielleicht war ich einfach zu sehr vom Leben abgelenkt, um darauf zu achten. Wenn ich zurückblicke, waren da schon Männer im Fitnessstudio oder auf der Arbeit, wirklich gut aussehende Typen. Sie sind mir zwar auf eine Art und Weise aufgefallen, die anders war, aber ich habe das nicht verstanden. Ich habe nie etwas unternommen."

„Wann hat sich das geändert?"

Er dachte einen Moment nach. „Wir haben Alan bekommen, und alles war wunderbar. Diane hat sich von der Schwangerschaft erholt wie ein Champion. Er ist so schnell gewachsen. Wir hatten wirklich keine Zeit, uns um etwas anderes zu kümmern als um das Haus und seinen quirligen Hintern nachzujagen."

Ich konnte das Lächeln in seiner Stimme förmlich hören, als er sich an glücklichere Zeiten erinnerte. Dann wurde er wieder nüchterner.

„Als wir dann Elaine bekommen haben, hat sich viel verändert. Diese Schwangerschaft war wirklich hart für Diane. Nach Elaines Geburt war Diane wochenlang bettlägerig und konnte monatelang nicht viel tun. Alan war noch ein Kleinkind. Das hat natürlich nicht geholfen. Als meine Firma darauf bestanden hat, dass ich zweimal im Monat für eine Woche ins Hauptquartier komme, musste Diane die Hauptlast tragen und sich um die Kinder kümmern, obwohl sie sich noch nicht hundertprozentig wohl gefühlt hat. Es hat mir schrecklich leid getan, was sie durchmachen musste, aber ich habe einfach nicht gewusst, wie ich ihr helfen konnte.

„Als sie sich endlich erholt hatte … ich weiß nicht … waren wir anders; distanziert. Es hat sich irgendwie so angefühlt, als würden wir einfach alles tun, weil wir es tun mussten, aber keiner von uns war glücklich darüber, es zu tun. Wir sind zur Beratung gegangen, haben mit Freunden gesprochen, sind zusammen in den Urlaub gefahren. Wir haben es wirklich versucht. Nichts schien zu helfen. Wir wollten nicht abdriften. Wir haben es einfach getan."

Er schwieg eine Zeit lang. Dann erklang seine Stimme wieder, leise und angespannt.

„Vor fünf Jahren, fast auf den Monat genau, war ich auf einer dieser Reisen in San Fran. Es war ein langer Tag, und ich bin erst spät in mein Hotel zurückgekommen. Ich war hungrig und erschöpft, also bin ich nach unten in die Hotelbar gegangen. Während ich auf mein Essen gewartet habe, ist ein Typ in Shorts und T-Shirt reingekommen. Er hatte gerade ein Workout im Fitnessstudio des Hotels beendet und war verschwitzt. Sein Shirt klebte förmlich an seinem Körper. Ich hatte nicht vor, ihn anzustarren. Aber meine Augen wollten einfach nicht wegsehen. Und seine auch nicht.

„Er war mein Erster."

Kapitel 25

Biegungen und Gabelungen

Ryan und ich unterhielten uns über eine Stunde lang.

Er erzählte mir mehr von seiner Reise und wie aus der zufälligen ersten Begegnung in San Francisco weitere Begegnungen entstanden waren. Dann hatte er AOL entdeckt und es war einfacher geworden, gelegentliche Begleiter für seine Reisen zu finden. Er meinte, er hätte sich nur ein paar Mal im Jahr getroffen, aber mein Gefühl sagte mir, dass es öfter vorkam. Mir tat das Herz weh, als er mit den Tränen kämpfte und über Diane und die Kinder sprach. Während er seine Sexualität weiter erforscht hatte, belastete seine Beziehung zu ihnen – vor allem zu Diane – sein Gewissen schwer.

An der Angst in seiner Stimme konnte ich erkennen, dass es ihn bedrückte – und das schon seit Jahren.

Mein verklemmtes PK-Gehirn wollte beleidigt sein, wütend werden und sich für Diane einsetzen. Er *hatte* sein Gelübde gebrochen, wiederholt. Er *hatte* jahrelang gelogen und seine Wahrheit vor ihr und sich selbst verborgen. Doch ich verstand auch seine Reise, den Kampf um seine Identität, der seine Seele zerriss, und ich konnte seine Suche und seine Fragen nachempfinden. Verdammt, ich hatte einen ähnlichen Weg hinter mir, wie praktisch jeder schwule Mensch. Die Selbstzweifel und der Selbsthass waren mir vertraut, wie eine zweite Haut, die ich gelernt hatte, wenn nötig abzulegen. Irgendwann wuchsen wir über diese Narben hinaus – zumindest hoffte ich das. Meine fühlten sich an manchen Tagen immer noch frisch an. Ich bin mir sicher, dass seine wund und schmerzhaft waren.

Aber ich hatte mein Leben nicht an einen anderen Menschen gebunden oder Kinder gezeugt, die auf meine Führung und Treue angewiesen waren. Seine Selbsterkenntnis würde ihre Welt erschüttern. Sie würde den Verlauf ihres Lebens für immer verändern. Alan war alt genug, um es zu verstehen, aber Elaine würde es nicht verstehen. Sie würde nur den Verlust des Vaters, den sie liebte, erfahren.

Mein Herz tat mir für diese Kleinen weh.

Es war Stunden später und ich hatte an nichts anderes mehr gedacht, seit wir das Telefonat beendet hatten. Ich hatte nichts gegessen und mich kaum bewegt. Jedes Mal, wenn ich dachte, ich sei zu einem Ergebnis gekommen, widersprach mein Kopf heftig.

So schnell wie ich mich darauf einstellte, rechtschaffen zu handeln, erinnerte ich mich daran, wie es sich anfühlte, einfach mit Ryan zu reden. Unsere Unterhaltungen waren frei, offen und fließend. Das war etwas, das ich noch nie mit jemandem erlebt hatte, nicht einmal mit Connie oder Dwayne. Ich hatte Gespräche nie als intimen Akt betrachtet, aber selbst unser erstes Date – von dem ich eigentlich gedacht hatte, es sei nichts Besonderes gewesen – war erfüllt gewesen von stundenlanger Intimität durch Worte und die Einfachheit des Zusammenseins.

Klar, Ryan war verdammt heiß. Ich wusste jetzt, dass auch der Sex mit ihm heiß war, aber das war es nicht, was mir in den Sinn kam, als ich darüber nachdachte, ihn zu verlassen.

Es waren unsere Unterhaltungen. Es war das Mittagessen im Cowtippers oder das Frühstück im Le Peep. Es war, ihm dabei zuzusehen, wie er sich Zuckerpäckchen in den Schoß kippte und wie er versuchte, die Lippen zu kräuseln, was ihm aber nie gelang.

Seine Augen versagten nie. Sie lächelten so breit wie jeder Mund. Sie leuchteten förmlich, wenn er glücklich war.

All das würde ich vermissen. Ich sehnte mich nicht nur nach diesem Level an Nähe, ich *brauchte* sie.

Was sollte ich jetzt nur tun? Konnte ich bei ihm bleiben, angesichts dessen, was er seiner Familie antat; was er ihr bereits getan hatte? Konnte ich darauf vertrauen, dass er mir das nicht auch irgendwann antun würde?

War das überhaupt eine berechtigte Frage?

Er stellte sich seiner sexuellen Identität. Es war wahrscheinlich das erste Mal in vier Jahrzehnten, dass er ganz ehrlich zu sich selbst war. Trotz all der Lügen suchte er tatsächlich nach einer ehrlichen Antwort.

Die Ironie dieser Tatsache ließ mich innehalten.

Die Stille meiner gequälten Gedanken wurde durch das Klingeln des Telefons unterbrochen. Es war Dwayne.

„Ich wollte mich nur mal melden. Wie ist das Mittagessen gelaufen?"

Scheiße. Jetzt muss ich das alles noch einmal durchmachen, dachte ich.

„Bleib dran. Ich hole Connie an die Strippe. Ich möchte nicht die ganze Show noch einmal durchmachen müssen."

„Das hört sich nicht gut an", bemerkte er, als ich den Knopf für das Dreiergespräch drückte.

„Hi, Zuckerschnute." Connies Singsang erwärmte mein Herz durch den Hörer.

„Zuckerschnute?" Dwayne bellte ein Lachen.

Connie schaltete in den Mama-Löwen-Modus. „Das ist mein Spitzname für die süßeste Zuckerschnute in Atlanta. Wage es ja nicht, dich darüber lustig zu machen."

„Ganz ruhig, Tiger. Ich nenne ihn von jetzt an Schnute."

Ich schenkte ihnen ein halbherziges Lachen. „Sehr witzig, ihr zwei. Connie, würdest du Dwayne bitte die *Reader's Digest* Version von heute geben? Ich glaube nicht, dass ich das noch einmal wiederholen kann."

„Du bist wirklich am Boden, oder?", seufzte sie mitfühlend. „Das Wesentliche ist: Ryan ist verheiratet und hat zwei Kinder. Er hat auf Geschäftsreisen nebenbei ein bisschen rumgemacht. Er hat Michael all das erzählt und es dann – ohne Vorwarnung – seiner Frau gestanden. Sie hat ihn rausgeschmissen. Jetzt ist Ryan obdachlos und traurig, und Michael ist unglücklich und weiß nicht, was er tun soll."

„Tja, Scheiße." Dwayne war nie wortkarg, und er fluchte selten. Das war schlimm.

„Kannst du mir ein bisschen mehr bieten als das? Ich brauche meinen Sherpa heute mehr denn je. Gib mir Perlen der Weisheit."

Er grunzte ein Lachen. „Ich bin mir nicht sicher, wie weise ich in dieser Situation sein kann. Wozu willst du einen Rat?"

Das war frustrierend. War das nicht offensichtlich?

„Ryan hat betrogen und gelogen – *jahrelang*. Er zerstört eine wunderbare Familie. Ich muss ihm sagen, dass er aus meinem Leben verschwinden soll, oder? Das Letzte, was ich tun sollte, ist einen Lügner und Betrüger zu daten, einen verletzten Mann, der gerade erst zu sich selbst findet. Stimmt's?"

Connie schwieg, und Dwayne brauchte ewig, um zu antworten. Als er endlich sprach, war ich schon von der Couch aufgestanden und lief auf und ab.

„Liebst du ihn?"

Fuck. Das war keine Antwort und stand definitiv nicht auf der Liste der Dinge, die ich dachte, dass er sie fragen sollte. Ich war mir nicht einmal sicher, ob ich die Antwort wusste.

„Vielleicht. Ich glaube schon. Ich weiß es nicht. Ich bin dabei, mich in ihn zu verlieben. Ist das dasselbe?"

„Ja, das zählt." Ein tiefer Seufzer von Dwayne drang durch die Telefonleitung. „Hör zu, Michael, ich weiß, du willst, dass es nur Schwarz und Weiß gibt, dass es eine *richtige* Antwort gibt. So wurdest du erzogen, um dem einzig wahren Weg zu folgen. Leider ist das Leben nicht so sauber und ordentlich. Die meisten Wege verzweigen sich, wahrscheinlich hundertmal, und sie sind selten frei von Hindernissen oder Schutt."

„Ich kann dir nicht folgen. Vergleichst du Ryans Betrug mit einer Abzweigung auf der Straße?"

„Werd nicht ungeduldig. Mach einfach mit." Seine Stimme klang so stählern, wie ich es noch nie gehört hatte. Ich erkannte darin den Stahl eines Vaters, der seinen Sohn unterrichtete. Ich hatte Dwayne noch nie so sehr geliebt wie in diesem Moment.

„Du solltest besser als jeder andere wissen, wie es sich anfühlt, wenn man sich erst später im Leben outet. Du bist in dem Glauben aufgewachsen, dass du hetero wärst. In der Nacht, als wir uns kennengelernt haben, hast du mir praktisch eine Predigt darüber gehalten. Wenn ich mich recht erinnere, sind wir in einer Schwulenbar gesessen, während du das getan hast, aber was soll's."

Connie schnaubte.

„Ich will damit sagen: Wenn Ryans Familie so ist wie deine, wurde ihm von Anfang an beigebracht, dass es seine Aufgabe im Leben ist, erwachsen zu werden, zu heiraten, eine Familie zu gründen und den Familiennamen weiterzugeben. Nach dem, was du uns über ihn erzählt hast, hat er das nie in Frage gestellt. Er hat also nur das getan, wozu er erzogen worden ist. Er hat geheiratet. Er hat Kinder bekommen. Irgendwann ist, wie bei dir, seine wahre Identität an die Oberfläche gekommen und wollte beachtet werden. Auch wenn seine Handlungen seine eigenen waren und ich verstehe, dass du sie als Betrug ansiehst, klingt es so, als ob er sich in einem Leben gefangen gefühlt hat, in dem er sich nicht wohl gefühlt hat.

Es mag ein gutes Leben gewesen sein, aber war es wirklich das Richtige für ihn? Er tut mir aufrichtig leid."

Zum zweiten Mal an diesem Tag enthielt ein Gespräch so viele Unklarheiten, dass mir der Kopf weh tat. Ich lief wie wild umher. Ich wollte das Telefon wegschleudern. „Das hilft mir auch nicht weiter. Ich weiß immer noch nicht, was ich tun soll."

Dwayne schlug einen sanften Ton an. „Ich kann dir die Antwort nicht geben. Sie muss von dir kommen."

Mit diesen Worten sank mein Herz noch tiefer. Ich hätte nicht gedacht, dass das möglich war.

Wie sollte ich denn die Antworten herausfinden? Mein Herz schlug mir bis zum Hals und pochte. Ich wollte weinen, aber nicht einmal die Tränen wollten mitspielen. Jetzt zu den beiden Leuten, von denen ich wusste, dass sie mich durch dieses Chaos leiten konnten -

„Ich möchte dich Folgendes fragen", begann Dwayne. „Nach eurem Gespräch heute, wie denkt Ryan über all das?"

Darüber brauchte ich nicht nachzudenken. „Er ist unglücklich. Er weiß, dass er gerade eine Familie zerstört hat, die er zwei Jahrzehnte lang aufgebaut hat, und dass der Schaden für den Rest seines Lebens – und für alle anderen Leben – bestehen bleiben wird. Ich kann nicht sagen, ob er wütend auf sich selbst ist oder sich schuldig fühlt. Wenn ich nicht wüsste, wie sehr er seine Kinder liebt, würde ich mir Sorgen machen, dass er sich etwas antut."

„Und was ist mit seinen Gefühlen für Diane?", fragte Dwayne weiter.

„Er hat heute viel über sie gesprochen, mir erzählt, wie sie sich kennengelernt haben und wie ihr gemeinsames Leben angefangen hat. Er liebt sie, und das macht die Sache noch viel schwieriger. Er sagte, der Schmerz in ihren Augen, als sie ihn rausgeschmissen hat, hat sich wie ein Schwert in seinem Bauch angefühlt. Er hat gesagt, dass sie sich in all den Jahren nie wirklich gestritten haben – und dann ist das passiert."

Einen weiteren schmerzhaften Moment lang sprach niemand, während ich unser Gespräch in Gedanken noch einmal Revue passieren ließ.

„Er hat gesagt, dass er weiß, dass sie wieder zu sich kommen und ihn so annehmen wird, wie er ist, aber dass sie verletzt ist und sich betrogen fühlt. Er ist mehrmals in Tränen ausgebrochen, als er mir erzählt hat, was sein Geständnis bei ihr ausgelöst hat."

„Da geht es mir doch gleich viel besser über ihn", sagte Dwayne.

„Hä? Wie das?", wunderte ich mich.

„Wenn er keine Schuldgefühle hätte oder nicht verstehen würde, was er seiner Familie mit seinem Verhalten antut, wäre er in meinen Augen etwas viel Schlimmeres als ein Lügner und Betrüger. Nichts wird jemals den Schaden wieder gutmachen, den er gerade verursacht, aber ich kann ihn zumindest verstehen. Er klingt nicht wie einer von denen, die einfach vor ihren Verpflichtungen davonlaufen, besonders wenn es um die geht, die er liebt."

„Nein, so ist er nicht. Er wird Diane und den Kindern nie den Rücken kehren."

Worauf wollte Dwayne mit all dem hinaus? Das Letzte, das ich wollte, war, die Tragweite von Ryans Handeln herunterzuspielen. Er mochte meine Haut zum Kribbeln bringen, aber ich träumte von viel mehr in einer Beziehung als nur von einem heißen Körper an meiner Seite. Ich wollte einen Mann mit Charakter und der Stärke, dahinter zu stehen, auch wenn es schwierig war – *vor allem*, wenn es schwierig war.

Dann wurde es mir klar. Das war genau das, worauf Dwayne hinauswollte. Konnte man wirklich von Ryan erwarten, dass er den Rest seines Lebens eine Lüge lebte? Aber genau das war seine Ehe mit einer Frau. Er wusste, dass er schwul war, besonders nach all den Jahren des Experimentierens. Wurde von einem Mann in dieser Situation erwartet, dass er mit einer Verpflichtung lebte, die er eingegangen war, bevor er sich selbst wirklich gekannt hatte? Was für ein qualvolles, einsames Leben würde das sein?

Der sture, konservative PK in mir antwortete barsch. *Ja, unbedingt, er hätte mit seiner Entscheidung leben und wie der Sünder, der er war, leiden sollen.*

Gott, wenn ich meine eigene Stimme nun hörte, wie ich vor ein paar Jahren noch geantwortet hätte, erschauderte ich. War ich wirklich so grausam gewesen, hatte ich so wenig Mitgefühl gehabt? Sollten Religionen nicht dazu dienen, die Leute zu ermutigen, vor allem die, die verletzt oder in Not waren? Hatte ich nur den Teil der Heiligen Schrift gelernt, der verurteilte?

In diesem Moment hasste ich, wer ich geworden war – oder wer ich gewesen war. Ich war mir nicht sicher. Alles war so verwirrend.

„Michael." Connies Stimme unterbrach mich.

„Ja?", krächzte ich.

„Wenn du ihn liebst, darfst du ihn nicht aufgeben. Wenn du jetzt gehst, kannst du nie wieder zurückkehren. Alles, was du mir über Ryan erzählt hast, lässt mich annehmen, dass er etwas Besonderes ist. Die meisten Leute erleben so etwas nie. Du kannst später immer noch gehen, wenn du meinst, dass es das Richtige ist."

„Halte einfach die Augen offen und geh es langsam an, okay?", mahnte mich Dwayne.

„Du meinst also, ich *soll* bei ihm bleiben?"

„Ich sage, dass wir weder dich noch ihn verurteilen würden, wenn du es tust. Er wird sich dem stellen müssen, was er getan hat. Wie du schon sagtest, wird er für den Rest seines Lebens mit seiner Familie damit zu kämpfen haben. Welchen Platz *du* in seinem Leben in seinem nächsten Kapitel einnimmst, steht noch in den Sternen. Ihr habt die Möglichkeit, herauszufinden, was auf diesen Seiten steht – *gemeinsam*."

Wollte Connie wirklich, dass ich ihm eine Chance gab?

Zum ersten Mal an diesem Tag schlug mein Herz höher.

Ich war mir immer noch nicht sicher, wie mein Gewissen morgen reagieren würde, aber ich *war dabei*, mich in ihn zu verlieben, und Dwayne hatte Recht. Er hatte nie die Chance gehabt, sich selbst kennenzulernen, sich selbst zu finden – was auch immer das bedeutete. Vielleicht war ich in sein Leben getreten, um ihm dabei zu helfen.

Oder vielleicht rechtfertigte ich nur, was *ich wollte*.

Verdammt noch mal. Warum ist das Leben manchmal so beschissen?

„Danke, Leute. Ich liebe euch beide so sehr.“

„Wir lieben dich auch, meine Zuckerschnute.“ Connie klang wieder fröhlich.

„Ja, Zuckerschnute. Ich dich auch.“ Dwaynes Stimme triefte vor Sarkasmus, aber sie war auch voller Wärme.

Wir legten auf, und ich ließ mich zurück auf die Couch fallen und starrte an die Decke. Mein Herz hatte sich zwar beruhigt, aber mein Magen schlug immer noch Purzelbäume. Heute Nacht würde ich nicht viel Schlaf bekommen.

KAPITEL 26

NEUANFANG

R yan und ich saßen an demselben Tisch, an dem wir uns zum ersten Mal getroffen hatten. Caribou war etwas Besonderes für uns. Die Ironie, dass wir für dieses Gespräch hierher zurückgekehrt waren, entging mir nicht, als ich in seine dunklen, besorgten Augen blickte.

Eine Woche war vergangen. Ryan und ich hatten jeden Tag online gechattet, aber nur einmal telefoniert. Die Anspannung in seiner Stimme bei diesem Anruf hatte mir das Herz gebrochen.

Während ich eine Kaffeetasse in den Händen hielt, sprach er leise über die Gespräche, die er mit Diane geführt hatte, und über die paar Male, die er die Kinder besucht hatte. Sie hatten tausend Fragen gestellt, all die Fragen, die man von verwirrten und verängstigten Kindern in ihrer Situation erwarten würde. Ryans Stimme zitterte.

Ich werde nie wissen, wie er diese erste Woche überstanden hatte – oder wie sie es geschafft hatten.

Das Fundament seiner emotionalen Beständigkeit, seine Familie, war unwiderruflich verändert – vielleicht sogar zerstört worden – und es war nicht abzusehen, ob er die

Beziehungen, die auf neuen Wahrheiten beruhten, aufbauen oder sie ganz verlieren würde.

Seine wässrigen Augen verrieten mir, dass er sich damit abgefunden hatte, auch mich zu verlieren.

Ich konnte den Schmerz in seinem Gesicht nicht mehr ertragen, also streckte ich meine Hand aus und nahm seine Hände in meine.

Seine Augen weiteten sich.

Ich hatte eine Rede vorbereitet, aber als ich meinen Mund öffnete, verpuffte jedes Wort. Was herauskam, war ein Strom des Bewusstseins, der von irgendwo tief in meinem Inneren kam, und den ich nicht aufhalten konnte.

„Ryan, ich habe diese Woche viel an dich gedacht. Scheiße, ich habe nur an dich gedacht." Ich stockte, musste aber weitersprechen: „Ich kann nicht nachvollziehen, was du gefühlt hast, als du Diane geheiratet hast, oder wie deine Treue auf die Probe gestellt worden ist, als du deine wahre Natur erkannt hast. Ein großer Teil von mir hadert mit deinem Gelübde und der Verpflichtung, die du deinen Kindern gegenüber eingegangen bist, und damit, wie sich das alles in Zukunft ändern wird – aber so wie ich dich bitte, ehrlich zu dir selbst zu sein, muss ich das auch tun."

Er hielt den Atem an.

„Ich bin in dich verliebt."

Da, ich hatte es gesagt. Fuck, was jetzt?

Ich stotterte weiter: „Ich habe versucht, vor dir wegzulaufen. Ich habe es in Gedanken schon eine Million Mal getan, aber jedes Mal tauchst du wieder auf. Ryan, ich kann mir mein Leben ohne dich nicht mehr vorstellen. Ich weiß, wir haben uns erst vor ein paar Monaten kennengelernt, und das klingt total verrückt, aber es ist die Wahrheit. Es ist meine Wahrheit."

Der tödliche Griff, mit dem er meine Hände umfasste, sagte mir alles, was ich wissen musste. Dann sprach er:

„Ich bin so verliebt in dich, dass es weh tut. Wenn ich mir nicht gerade Vorwürfe darüber mache, wie sehr ich Diane und die Kinder verletzt habe, vermisse ich dich. Alles, was ich will, ist bei dir zu sein, mit dir zu reden und mich in deiner Nähe sicher zu fühlen. So etwas habe ich noch nie bei jemandem gefühlt.“

Ich gab ihm das Gefühl von Sicherheit? Dieser zwölf Jahre ältere Mann, der ein großes Unternehmen leitete und selbstbewusster und selbstsicherer war als jeder andere, den ich kannte, fand in meinen Armen Schutz?

Eine Träne floss aus seinem Auge. Ich streckte die Hand aus und wischte sie mit meinem Daumen ab. Er lehnte sich gegen meine Berührung.

„Das will ich auch“, flüsterte ich. „Mehr als alles andere.“

Uns waren die Worte ausgegangen, und so saßen wir Händchen haltend auf dem Tisch, ohne den Blick von den Augen des anderen zu lassen. Wer weiß, was die Leute in dem Café über die beiden Schwulen dachten, die sich an den Händen hielten und in der Ecke weinten. Zum ersten Mal in meinem Leben war es mir egal.

„Und was machen wir jetzt?“, fragte ich.

Die glücklichere Version des Mannes, der vor mir saß, lugte hervor. „Ich weiß nicht, wie es dir geht, aber Unglücklichsein macht mich hungrig. Können wir ins Le Peep gehen und uns mit Sachen bewerfen lassen?“

Ich grinste: „Das klingt perfekt.“

• • • • • • • • • • •

Betty begrüßte uns an der Tür. Sie warf Ryan einen seltsamen Blick zu, da sie anscheinend über einen Spürsinn verfügte, der unsere Stimmung aufnahm, und führte uns dann zu einem einsamen Tisch in einer Ecke des Restaurants.

Als wir uns setzten, zeigte sie mit einem anklagenden Bestellblock auf Ryan. „Schatz, du siehst schrecklich aus – und du bist zu süß, um schrecklich auszusehen. Was ist mit dir los?"

Ryan zuckte mit den Schultern und schenkte ihr ein schwaches Lächeln. „Harte Woche. Aber uns geht es gut."

Er schaute mich von der Seite an, als er „wir" sagte. Ich konnte die Wärme, die in mir aufstieg, nicht verhindern.

Betty entging nichts. „Ja, ihr zwei seid wirklich ein tolles Paar. Das beste Paar, das ich seit langem gesehen habe."

Ryan drehte sich zu mir um, und ich zerfiel in ein unartikuliertes, brabbelndes Durcheinander aus Regenbogenglitzer. „Ja, er ist traumhaft. Ich meine, wir sind traumhaft. Nein. Wir sind gut. Ich meine großartig. Passend. Du hast gesagt, wir passen gut zusammen. Das ist perfekt. Ach, vergiss es."

Ryan grinste: „Wie er gesagt hat."

Sie lachte und winkte mit ihrem Block. „Sag ich doch. Also, was darf's zum Frühstück sein?"

Wir bestellten das Übliche. Ryan bekam Egg Benedict, und ich bestellte Vollkornpfannkuchen mit Speck und mittelgroßen Eiern. Im Le Peep standen die aromatisierten Sahnesorten auf dem Tisch und unsere Hände wuselten durcheinander, als wir den letzten Rest aus der Sahne mit Haselnussgeschmack herausbekommen wollten. Es hatte etwas Normales, Frühstück zu bestellen, etwas Beruhigendes, das ich nicht ganz verstand. Wir hatten es beide nötig.

„Wie ist der Letztstand mit Diane?" Ich wollte mich auf leichtere Themen konzentrieren, aber ich brauchte eine Vorstellung davon, was die Zukunft bringen würde.

Er seufzte, während er seinen Kaffee umrührte."Sie will, dass ich bis Ende des Monats ausziehe. Es ist wohl an der Zeit, mir eine eigene Wohnung zu suchen."

„Du kannst bei mir wohnen", platzte ich heraus.

Wo zum Teufel kam das denn her?

Bei all meinen Grübeleien war mir diese Idee noch nie in den Sinn gekommen. Dwayne und Connie hätten sich in die Hosen gemacht. Versteh mich nicht falsch, die Vorstellung, jeden Tag neben Ryan aufzuwachen, ließ mein Herz höher schlagen, aber für diesen Schritt war es noch viel zu früh. Mein rationaler Verstand schimpfte mich aus, sobald die Worte aus meinem Mund gekommen waren.

Er schaute von seiner Tasse auf und zog eine Augenbraue hoch. „Wirklich?"

Jetzt steckte ich mittendrin. *Scheiße.*

Ich nickte: „Klar. Meine Wohnung ist nicht schick. Ich habe nicht einmal Beistelltische im Wohnzimmer, nur Umzugskartons aus Pappe, aber du kannst so lange bei mir wohnen, wie du willst."

„Das kann nicht von Dauer sein. Diane würde ausrasten, wenn sie wüsste, dass ich in deiner Wohnung wohne."

Ich richtete mich abrupt auf. „Sie weiß von *mir*?"

Er nickte langsam. „Ich habe versprochen, ihr die ganze Wahrheit zu sagen, keine Lügen mehr. Sie denkt, du hast mich *verwandelt*."

Ich hustete: „Dich verwandelt? Was bin ich, ein Vampir?"

„So ähnlich. Blutsaugender, böser Bastard' trifft es wohl eher. Du bist der Typ, der ihr mein Herz gestohlen hat." Er hob seinen Becher zum Zuprosten. „Es ist nicht gegen dich persönlich gerichtet, wirklich. Sie kennt dich ja nicht einmal. Aber sie sucht nach einem Schuldigen, nach einer Erklärung, um das Gefühl zu lindern, dass sie versagt hat, und du bist das leichte Ziel."

„Wow." Ich lehnte mich zurück. „Ich denke, das macht Sinn. Sie weiß, dass sie nichts falsch gemacht hat, oder? Gott, sie darf keine Schuldgefühle mit sich herumtragen. Das ist unser Job."

„Schuldgefühle sind wahrscheinlich eines von hundert Gefühlen, die sie hat. Und ja, ich habe ihr gesagt, dass sie keine Schuld hat. Aber es wird Zeit brauchen, bis sie das versteht."

„Bis dahin bin ich der Staatsfeind Nummer eins.“

„Ja, ich bin mir ziemlich sicher, dass du zu Thanksgiving nicht eingeladen werden wirst.“

Ich wusste, dass er versuchte, die Stimmung aufzulockern, aber ich konnte mich nicht aus dem Haufen Scheiße befreien, den er gerade auf mir abgeladen hatte, um seinen Versuch zu würdigen.

„Ich muss mir trotzdem eine eigene Wohnung suchen.“ Sein Blick wanderte zurück zu seiner Tasse, als er seine nächsten Worte formulierte: „Vielleicht kannst du mir bei der Suche helfen?“

Bat er mich, ihm bei der Suche nach *seinem* neuen Zuhause zu helfen, oder bei der Suche nach einer Wohnung für *uns*? Mein Gehirn schwankte zwischen Unglauben, Freude und völligem Schock. *Sollte* ich das überhaupt in Betracht ziehen? Ich meine, ich hatte ihn gerade gebeten, in meine Wohnung zu ziehen. Das war im Grunde das Gleiche, nur mit billigeren Möbeln. Oder etwa nicht?

Er sah, dass ich mit den Gedanken woanders war und grinste: „Hausbesichtigungen machen zu zweit mehr Spaß. Außerdem macht es Spaß, sich darüber auszutauschen, was wir beide mögen und was nicht. Du weißt schon, für den Fall, dass wir eines Tages zusammen ein Haus kaufen.“

Damit war die Frage wohl beantwortet.

Meine Schultern sackten in sich zusammen. Warum war ich so enttäuscht? Es war verrückt, jetzt schon daran zu denken, zusammenzuziehen. Er war noch nicht einmal geschieden. Heilige Kuh, hatte ich meinen Kopf komplett den Verstand verloren -

„Wo bist du hin?“ Er bewahrte mich vor einem furchtbaren Bild in meinem Kopf.

„Tut mir leid, Hausbesichtigungen hören sich gut an. An was hast du denn gedacht?“

„Ich arbeite die meiste Zeit von zu Hause aus, das macht die Sache ein bisschen einfacher. Das Einzige, worauf es ankommt, ist, dass es nah genug ist, um mit den Kindern zu helfen. Vielleicht fangen wir in der Gegend von Roswell an?"

„Das ist in der Nähe meines Büros."

Er grinste und nickte.

Das wusste er. Auf keinen Fall. Das hatte er einkalkuliert. Dieses hinterhältige -

„Ich dachte, es wäre schön, während der Arbeit gemeinsam zu Mittag zu essen."

Ich strahlte ihn an. „Wenn du Glück hast, gibt es vielleicht sogar ein Dessert in der Mittagspause. Mein Büro können wir an einem Arbeitstag zwar nicht unbedingt für eine Wiederholung nutzen, aber wenn du in der Nähe wohnst, könnte ich meine Mittagspause für mehr ... sportliche Abenteuer nutzen."

„Akrobatisch trifft es wohl eher, wenn man bedenkt, wie sich deine Beine über den Stuhl gebeugt haben."

Wir erstarrten beide, als Bettys Stimme ertönte: „Und was genau haben Michaels Beine gemacht?"

Ryan wurde noch röter als ich. Ich hätte nicht gedacht, dass das möglich war.

Stolz darauf, dass sie uns in Verlegenheit gebracht hatte, beugte sich Betty vor und legte ihre Handflächen auf den Tisch. Es gab nur wenig von ihrem Dekolleté, das wir nicht sehen konnten. Die Schwerkraft ist eine unbarmherzige Kraft. „Als ich so alt war wie ihr, konnte ich meine Beine anwinkeln -"

„Und wir sind fertig mit dem Frühstück", meinte Ryan und rettete uns wieder einmal. „Vielen Dank, Betty."

Sie gackerte: „Was glaubst du, warum ich immer Reifenohrringe trage? Man muss auf alles vorbereitet sein."

Sie warf die Rechnung auf Ryans Brust und lachte den ganzen Weg zurück in die Küche.

· · • • •• • • • · ·

Gegen acht Uhr ging die Sonne langsam unter und die Sky-
line von Atlanta war in leuchtende Orange- und Gelbtöne
gehüllt.

Ich grüßte Ryan, als er vor meiner Wohnungstür stand. Er
hatte einen Seesack über die Schulter gehängt und schaute
verlegen drein. „Bist du immer noch bereit, einen Streuner
aufzunehmen?"

Ich gluckste, umfasste sein Gesicht mit beiden Händen
und zog ihn für einen Kuss zu mir heran. „Streuner sind
irgendwie mein Ding, vor allem heiße."

„Du findest mich heiß?" Er grinste.

Ich verdrehte die Augen. „Du bist viel zu eitel, um mich
das zu fragen. Niemand mit Bauchmuskeln auf den Zehen
hat das Recht, diese Frage zu stellen."

Er schaute auf seine Flip-Flop-Füße hinunter und legte
den Kopf schief. „Hm. Waschbrettzehe. Das ist mir noch nie
aufgefallen."

Ich schlug ihn spielerisch. „Komm einfach rein."

Er warf einen Blick auf die spärliche Einrichtung meiner
Wohnung, sagte aber nichts.

„Ich weiß. Es ist ziemlich schäbig, aber ich hatte noch keine
Zeit, die Wohnung einzurichten."

„Es ist ... minimalistisch."

Ich lachte, als wir mein Schlafzimmer betraten, das einzige
Zimmer, das voll möbliert war.

„Nein, sie ist *leer*, aber danke. Stell deinen Seesack einfach
da drüben in der Ecke ab. Ich habe ein paar Schubladen in der
Kommode für dich freigeräumt." Ich wies auf die Kommode
aus den 1950er Jahren, die meine Mom mir geschenkt hatte,
als ich aufs College gegangen war. Ich glaube, sie hatte sie
auch benutzt, als *sie* aufs College gegangen war. Sie war funk-

tional, aber nicht besonders modisch. So etwas hatte mich nie interessiert, bis Ryan aufgetaucht war. Jetzt war es mir peinlich.

„Hast du die Schubladen für mich ausgeräumt?", fragte er an der Tür.

„Werd' nicht sentimental. Das ist eine praktische Sache. Deine Klamotten werden ganz zerknittert, wenn sie in der Tasche bleiben."

Er schüttelte den Kopf und grinste über beide Ohren.

Ich kniete mich hin, um die beiden unteren Schubladen zu öffnen. Als ich mich erhob, umschlangen mich Ryans starke Hände von hinten und zogen mich fest an seinen Körper. Ich konnte seinen salzig-süßen Moschus riechen; sein Atem war heiß an meinem Hals. Ich gab mich ihm völlig hin und lehnte mich mit meinem ganzen Gewicht an ihn.

„Die Klamotten können warten." Seine Stimme war rau und voller Hunger.

Warme Lippen pressten sich auf meinen Hals. Ich spürte das sanfte Knabbern der Zähne an meinem Ohr, das mir einen Schauer über den Rücken jagte. Ich versuchte, mich umzudrehen, um ihn anzusehen, aber er hielt mich fest.

„Oh nein. Du bleibst, wo du bist."

Ich hatte keine Kraft, mich zu wehren.

Seine Hände griffen an meine Brust, streichelten und kneteten sie, dann glitten sie meinen Bauch hinunter. Sanfte Finger zeichneten die Konturen meiner Bauchmuskeln durch den Stoff meines Shirts nach, bevor sie sich darunter schlichen und unsere Körper vereinten.

Seine Hände waren warm, fast heiß. Seine Finger kitzelten die winzigen Härchen auf meinem Bauch, und ich zuckte zusammen. Er schlang seine Arme fester um mich, um meinen Körper an seinen zu pressen, und ich spürte, wie hart er geworden war, als er pochte und pulsierte.

Verdammt, ich konnte es durch meine Shorts spüren. Er drückte sich gegen mich und knurrte mir bei jeder Bewegung und Wendung ins Ohr.

Jetzt pulsierte *ich* auch. Ich stöhnte wieder, und er knurrte noch lauter.

Seine Hände wanderten mein Shirt hinauf, bis seine Finger meine Brustwarzen ergriffen. Er neckte sie, umkreiste den Ansatz und streifte dann die Spitzen. Sie waren noch nie besonders empfindlich gewesen, aber bei seiner Berührung loderte ein Feuer in ihnen auf. Was machte dieser Mann nur mit mir?

Ohne Vorwarnung klemmte er sie zwischen Daumen und Zeigefinger ein, und mein ganzer Körper zuckte zusammen. In seinem Griff konnte ich nirgendwo hin, und der selige Schmerz seines Griffs erschütterte uns beide. Ich versuchte zu schreien, zu sagen, dass es weh tut, aber es kamen keine Worte, nur ein gutturales Heulen. Er verdrehte seine Zangen, während seine Zunge die Außenseite meines Ohrs umspielte.

Mein Schrei wurde immer lauter.

Seine Zunge verschwand und seine Zähne knabberten meinen Hals auf und ab. Seine Hände wanderten nach unten, bis sie den Bund meiner Shorts erreichten. Als sie zu Boden fielen, trat ich aus ihnen heraus, während Ryans Handfläche meinen steifen Schwanz umschloss. Er zuckte bei seiner Berührung zusammen.

„Es gibt so viele Dinge, die ich schon immer mit dir anstellen wollte", flüsterte er mir ins Ohr.

„Aha", war alles, was ich herausbekam.

Er hob meine Arme über meinen Kopf und riss mir das Shirt vom Leib. Wieder versuchte ich mich umzudrehen, aber er packte mich an den Schultern und hielt mich mit dem Gesicht von sich weg in Position.

„Du bist ein sehr böser Junge. Wenn du so weitermachst, muss ich dich vielleicht bestrafen."

Bestrafen? Oh, Gott! Bitte bestrafe mich. Bestrafe mich bis ins achtzehnte Jahrhundert zurück.

Das war meine innere Stimme. „Ja?", quiekte ich heraus.

Seine Hände wanderten meine Arme hinunter und landeten auf meinen Hüften. Ich hörte, wie er sich auf die Knie sinken ließ. Er küsste meinen Rücken und leckte ihn dann zärtlich ab. Seine Zunge wanderte weiter nach unten und kitzelte meine Spalte, während sie immer näher kam. Als seine Hände meine Hüften verließen und meine Backen öffneten, stolperte ich nach vorne. Er lachte, als er mich auffing.

„Du bist so sprunghaft", kommentierte er, während er mich mit dem Gesicht zum Bett drehte und mich mit dem Gesicht nach unten auf das Bett drückte. Eine Sekunde später waren meine Beine weit gespreizt und sein Gesicht war in der Falte meiner Pobacken vergraben. Ich versuchte, still zu liegen, aber jedes Mal, wenn seine Zunge mein Loch berührte, wand ich mich. Ich verlor jedes Zeitgefühl – ja, ich verlor überhaupt das Gefühl für alles. Das hatte bisher nur ein anderer Kerl mit mir gemacht, aber Ryans Leidenschaft stellte die Bemühungen des anderen in den Schatten.

Er hob meinen Hintern an, um einen besseren Winkel zu finden. Mein Schwanz glitt bei jedem Stoß seines Gesichts gegen die Bettdecke. Die Reibung machte mich verrückt.

Schließlich schnappte er nach Luft.

Ich warf einen Blick über meine Schulter, dann drehte ich mich um und setzte mich ihm gegenüber auf. Er berührte zärtlich meine Wange und starrte mich mit dem intensivsten und leidenschaftlichsten Blick an, den ich je gesehen hatte. Nach einem Moment sah ich zu Boden, plötzlich unbeholfen und unsicher, aber er hob mein Kinn an und zwang unsere Augen, sich wieder zu treffen.

„Ich danke dir", flüsterte er.

Ich runzelte die Stirn. Was hatte ich getan?

„Ich weiß, was es für dich bedeutet hat, mir noch eine Chance zu geben, nach ... allem. Ich verdiene deinen Glauben

an mich und dein Vertrauen nicht, aber ich hoffe, dass ich es
mir eines Tages verdienen kann. Dank dir will ich -"

Ich beugte mich vor, griff nach seinem Gesicht und zog
ihn in einen reuelosen Kuss. Von den frischen Tränen, die
er vergossen hatte, tropfte ein salziger Geschmack in meinen
Mund, und sein Körper zitterte. Der Wechsel von über-
hitzter Leidenschaft zu zärtlicher Verwundbarkeit ließ meine
Gefühle der Fürsorge auf Hochtouren laufen. Ich schlang
meine Arme um ihn, zog ihn an mich und hielt ihn so fest,
wie er mich zuvor gehalten hatte.

Nach einigen Minuten hörten sein Zittern und seine Tränen auf.

Seine Hand wanderte zurück zu meinem Kopf und streichelte mein Haar, während seine Augen jede Kurve meines
Gesichts erkundeten. In diesem Moment sah ich einen anderen Mann; nein, nicht einen anderen, sondern tiefere
Schichten des Mannes, den ich bereits kannte. Seine lederne
Schale hatte sich abgelöst, und der verängstigte, entblößte,
hoffnungsvolle, kleine Junge darunter bettelte um Akzeptanz
und Vergebung.

Mein Herz schlug heftig, als ich mich nach vorne beugte
und ihn erneut küsste. „Wir stehen das jetzt gemeinsam
durch. Du wirst nie allein sein."

Ryans letzte Mauer brach zusammen. Er vergrub sein
Gesicht in meiner Brust und wippte erneut.

Ich weiß nicht mehr, wie lange wir dort lagen. Die Zeit
spielte keine Rolle. Nichts spielte eine Rolle, außer Ryan zu
halten und ihm das Gefühl zu geben, geliebt zu werden. So
traurig seine Tränen auch waren, mein Bedürfnis, mich um
jemanden zu kümmern, erfüllte mein Herz mit einer Freude,
die ich seit Jahren nicht mehr gekannt hatte. Ich war immer noch erstaunt, dass dieser wunderbare Mann mit mir
zusammen sein wollte, dass ich derjenige sein wollte, der ihn
in Zeiten des Glücks oder des Schmerzes hielt.

Endlich rührte er sich wieder. Ich drehte mich so, dass ich mit dem Rücken auf dem Kopfteil lag, und er ging auf die Knie und spreizte meine Beine. Mit einer Hand strich er mit den Fingern leicht über meine Brust, bis sie eine Brustwarze fanden. Diesmal war er nicht neugierig oder grob, sondern streichelte sie, wie man das zerbrechlichste Glas streicheln würde.

„Du bist so schön", raunte er.

Als ich errötete und den Blick abwandte, beugte er sich herunter und küsste mich innig.

„Ich bin in dich verliebt, Michael Reed."

Sein Mund verhinderte jede Antwort. Einen Herzschlag später umschmeichelte seine Zunge meine mit der gleichen Sanftheit, mit der sie meine Brustwarze umschmeichelt hatte. Ich glaube, dieses Gefühl brachte mein Herz und meinen Verstand mehr als alles andere ins Trudeln.

Während wir uns küssten, griff ich nach unten und zog den unteren Teil seines Shirts nach oben. Mit einem Ruck waren wir bei seiner Jeans angelangt. Warum hatte Wrangler die Knopfleiste erfunden? Ein Knopf war schon schlimm genug, aber vier Knöpfe zu öffnen, während man versuchte, den Zungenkuss aufrechtzuerhalten, war fast unmöglich. Nach mehreren fehlgeschlagenen Versuchen zog Ryan sich zurück und lachte, dann griff er nach unten und schnippte die verdammten Dinger auf, als ob es nichts gewesen wäre.

„Du solltest mal sehen, wie ich das mit meinen Zähnen mache." Er grinste.

Ich hatte seinen Schwanz schon öfter gesehen, aber hier, im Licht meines Schlafzimmers, war er ein wahres Wunderwerk. Er bemerkte meine geweiteten Augen und lachte wieder, als er sich ans Bett stellte, den Hals verrenkte, um dem Deckenventilator auszuweichen, und sich dann seine Jeans auszog.

Wie von Gott vorgesehen, trug er keine Unterwäsche. Lasst die Engel singen.

„Dafür kommst du sowas von in die Hölle", flüsterte die Stimme des kleinen Engels in meinem Kopf.

„Auf keinen Fall. Schau dir das Ding doch mal an. Die Engel sollten darüber singen", erwiderte der Teufel.

„Du musst wirklich aufhören, zu staunen. Ich meine, ich habe es verstanden. Es ist herrlich." Er machte seine beste Vanna-White-Handbewegung mit seinem sehr großen Buchstaben D. „Er gehört dir. Kein Grund, sich einschüchtern zu lassen."

Ich grunzte, beugte mich vor und nahm seinen Schwanz in den Mund, bis zu seinen Eiern.

Ja, ich war zu weit gegangen.

Der Würgereiz, der daraufhin einsetzte, brachte Ryan zum Lachen und zerstörte jede sexy Stimmung, die wir gerade hatten. Zum ersten Mal an diesem Tag kamen ihm vor Freude die Tränen. Er nutzte den Moment, um nach unten zu greifen und meine Rippen zu kitzeln, die wie der Rest von mir sehr empfindlich waren. Ich rollte mich in der Fötusstellung zusammen und heulte wie ein Neugeborenes, dem man zum ersten Mal auf den Rücken klopfte. Ryan nahm das als Ermutigung, stützte sein Gewicht auf meine Beine, um mich unten zu halten, und verstärkte seinen Angriff.

Genau dort, mitten in meinem eigenen verdammten Bett, mit dem Mann meiner Träume nackt und erigiert, pinkelte ich alles voll. Es war kein zaghaftes Tröpfeln, das man für Schweiß oder so halten konnte, sondern ein goldener Geysir, der mit den höchsten goldenen Bögen von McDonald's mithalten konnte.

Wenn ich hundert Jahre alt werde, werde ich nie wieder so tiefrot werden. Das ist nicht möglich.

Ryan fiel fast vom Bett, so sehr lachte er.

Ich sprang auf, holte ein Handtuch aus dem Bad und streifte das Bettzeug ab. Ryan half mir dabei, obwohl ich den Blickkontakt vermied, da er während unserer ersten häuslichen Tätigkeit gackerte. Als die Laken und die Bettdecke auf dem Boden lagen und die Matratzenauflage abgewischt war, schaute ich auf.

„Das ist mein einziges Set. Ich muss erst in die Waschküche, bevor wir in diesem Bett schlafen können."

Wir waren beide noch nackt. In der Peinlichkeit des Augenblicks hatte ich das vergessen. Ryan hatte es nicht.

Er trat vor und drückte mir mit beiden Händen auf die Brust. Wir purzelten zusammen zurück auf das Bett.

„Du ziehst dich auf keinen Fall wieder an. Wir haben noch etwas zu erledigen."

Seine Hand fand meinen nun schlaffen Penis und machte sich an die Arbeit. Sein Mund tat es ihm gleich und schon bald tanzten wir mit der Zunge um die Wette.

„Wo ist dein Gleitgel?"

Ich zeigte auf die Schublade des Beistelltisches. Als er sich über mich beugte und sich zu seiner vollen Länge streckte, nahm ich ihn wieder in meinen Mund. Das Geräusch einer Schublade, die sich öffnete, wurde vom Schnappen und Ploppen des kräftigen Saugens und Schlürfens übertönt. Das Salz seines Schweißes war nichts im Vergleich zu dem Geruch seines Spermas. Ich fuhr mit meiner Zunge über seine Öffnung und leckte ihn sauber. Als sein Körper bebte, verstärkte ich meine Bemühungen und griff mit einer Hand nach seinen Eiern, während ich mit der anderen den Ansatz seines Schafts umfasste und kräftig an ihm saugte.

Er stöhnte, ließ das Gleitgel fallen und rollte sich auf den Rücken, damit ich ihn besser erreichen konnte. In den nächsten Minuten zog er immer wieder meinen Kopf hoch und forderte mich auf, aufzuhören, damit er nicht schon zum Ende kam, bevor wir überhaupt begonnen hatten. Ich ignorierte ihn und tauchte wieder ab, verzweifelt darauf bedacht, ihm nur halb so viel Freude zu bereiten wie mir seine Küsse bereitet hatten. Das Tröpfeln des Spermas wurde zu einem pulsierenden Geruch, als er meine Kehle füllte.

Trotzdem hörte ich nicht auf.

Sein Rücken war jetzt gekrümmt, seine Brust straff und seine Bauchmuskeln waren prächtig geformt. Ich fuhr mit meiner Hand darüber, spürte jede einzelne Furche und die Härte seiner Muskeln. Ich dachte, er würde weicher werden, nachdem er mich mit seiner Ladung gefüttert hatte, aber sein Schwanz wurde nur noch härter. Mit dem Schwanz im Mund blickte ich auf und sah, wie er an seinem zitternden Körper hinunterstarrte. Ich ließ ihn aus meinem Mund gleiten, aber meine Hand hielt seinen Ansatz fest. Er war so verdammt perfekt.

Ich schluckte den letzten Rest seines Beitrags, während ich nach der heruntergefallenen Flasche griff. Die Pumpe war zerbrochen. Als ich sie vom Boden aufhob, ergoss sich die glitschige Flüssigkeit über Ryans Brust und Bauch.

„Scheiße, ist das kalt." Er wollte sich aufsetzen. Ich drückte ihn wieder nach unten und stellte die Flasche auf den Nachttisch.

„Du, halt still." Er grinste und genoss das böse Funkeln in meinen Augen, als ich das Gleitgel mit beiden Händen über seine Brustmuskeln, den einen Arm, dann den anderen und schließlich seine Bauchmuskeln strich. Als er letztendlich glänzte wie eine römische Statue im Regen, schmierte ich seinen Schwanz ein. Er warf seinen Kopf zurück und stöhnte, als ich mit einer Handfläche seine Eichel rieb, während meine andere Hand über seinen Schaft strich. Trotz seines Orgasmus war er immer noch voll erregt.

Ich nahm eine Hand und befeuchtete mein Loch und steckte einen Finger hinein, um mich vorzubereiten. Dann, während er den Kopf zurücklegte und die Augen schloss, hob ich mich an und führte ihn in mich ein. Seine Hände griffen nach oben, um meine Hüften zu umfassen, aber ich packte sie und beugte mich über seinen Körper, um sie über seinen Kopf zu halten. Unsere Lippen waren nur Zentimeter voneinander entfernt. Ich konnte seinen Atem schmecken. Ich drückte meinen Hintern nach unten und trieb ihn tiefer in mich hinein, während sich unsere Körper mit öliger Nässe aneinander pressten. Es gab keine Reibung, aber es gab definitiv Hitze.

Feuer.

Ich hielt seine Hände fest und drückte ihn rein und raus. Seine Küsse wurden zu einem Sturzbach aus Hunger, Bedürfnis und Verlangen.

Ich ließ seine Hände los, und er schlang seine Arme um mich und drückte sich in mich hinein. Als sein Schwanz meine Prostata fand, schrie ich auf und wölbte meinen Rücken. Von meiner Lust getrieben, drehten mich Ryans starke Arme auf den Rücken und sorgten dafür, dass sein pulsierender Schwanz tief in mir blieb. Öl tropfte von seiner Brust, als er sich über mich erhob. Seine Hände drückten erst meine Schulter, dann meine Brust und bedeckten meinen Körper, so wie ich es mit seinem getan hatte. Er griff nach meinem Schwanz, aber ich stieß seine Hände weg, weil ich nicht wollte, dass es aufhörte.

„Fick mich härter, schneller", flehte ich.

Er stöhnte und stieß zu. Unsere Haut klatschte, seine Eier schlugen gegen meinen Hintern. Das Bett quietschte aus Protest. Jeder Stoß ließ ein Echo von etwas Ursprünglichem durch meinen Körper schallen.

Er pumpte schneller, und sein Stöhnen wurde lauter. Dann hielt er inne und ich spürte, wie seine Hände meine Schultern umfassten. Ohne sich zu lösen, drehte er mich auf den Rücken und löffelte mich von hinten. Ich hatte nicht geglaubt, dass er noch tiefer eindringen konnte, aber jetzt merkte ich, wie falsch ich gelegen hatte. Ich versuchte, mich zu entspannen, aber die Erregung, die er in mir auslöste, ließ meinen ganzen Körper anspannen. Jedes Mal, wenn ich mich zusammenzog, wurde er härter.

„Oh, Gott. Ich bin so nah dran", stöhnte er mit zusammengebissenen Zähnen.

„Hör nicht auf. Bitte."

Er hörte nicht auf.

Mit einem letzten Handgriff drückte er mich mit dem Gesicht nach unten, spreizte meine Beine und wölbte meinen Hintern wieder zu ihm hin. Ich hielt mich an den Ecken des Bettes fest und streckte meine Arme so weit aus wie meine Beine. Jeder Muskel in meinen ölverschmierten Armen und meinem Bauch spannte sich an, und mein Hintern umklammerte seinen Schwanz wie ein Schraubstock. Ich spürte, wie sich sein Puls durch das Pochen seines Schwanzes beschleunigte. Ich konnte nicht glauben, dass er in meinem Körper lebte. Meine Gedanken rasten. Mein Herz tanzte. Mein Körper zitterte.

Seine Stöße waren jetzt so schnell, dass ich dazwischen kaum Luft holen konnte. Er grunzte bei jedem Stoß, laut und tief, irgendwo zwischen Knurren und Stöhnen. Sein Schweiß tropfte noch heißer als das Gleitgel. Er verschränkte unsere Finger ineinander, während er sich über mich beugte und stieß, bis er einen letzten Schrei ausstieß, der mit der Explosion seines Körpers einherging.

Ich konnte die Hitze seines Lebens in mir spüren. Es war sein zweites Mal, doch ein Stoß nach dem anderen schickte mehr und mehr von ihm in mich hinein. Ich genoss den Gedanken, dass wir eins wurden.

Er wollte sich zurückziehen, aber ich griff nach hinten und hielt ihn fest. „Zieh ihn nicht raus."

„Du bist dran."

„Ich will dich in mir haben, wenn ich komme."

Er biss mir ins Ohr, und mein Hintern presste sich zusammen. „Ahhh", rief er aus.

„Das hast du davon, wenn du beißt. Jetzt mach deinen Job, Mister."

Er grunzte, dann griff er um mich herum und begann mich zu streicheln. Ich werde wohl nie erfahren, wie er seinen Ständer beibehalten hat, aber als er meinen Schwanz rieb, begann auch sein eigener wieder zu stoßen. Ich hielt nicht lange durch. Jeder Teil meines Körpers schrie nach Erlösung. Ryans Hand kam ihm entgegen.

Klebrig, verschwitzt und glitschig lagen wir in der Löffelchenstellung, Ryan in mir.

Keiner von uns wagte es, sich zu bewegen.

Wir schliefen wie eine Einheit ein.

Kapitel 27

Home Sweet Home

Am nächsten Morgen wachte ich auf und spürte die Wärme von Ryans Körper, der sich an meinen presste. Ein Arm hielt mich immer noch fest. Ich konnte sein langsames, gleichmäßiges Atmen hören, während er schlief. Wir waren mit ihm in mir eingeschlafen – der Gedanke daran machte mich schwindlig – aber irgendwann in der Nacht war er herausgeglitten. Ich vermutete, dass auch seine ewige Erektion irgendwann nachlassen musste. Klein-Michael war neidisch auf sein Durchhaltevermögen.

Nachdem ich ihn vorsichtig losgemacht hatte, beobachtete ich Ryan ein paar Augenblicke lang. Sein normalerweise perfektes Haar war völlig zerzaust. Ich griff nach unten und strich es ihm aus dem Gesicht, und da waren diese Lippen – eine normal, die andere leicht geschwollen. Sie erinnerten mich an ein Model, das zum falschen Schönheitschirurgen gegangen war. Wie konnte ich das nur jemals als Makel betrachtet haben, als einen Grund, ihn von der Liste zu streichen? Als ich auf seine schlafende Gestalt hinunterblickte, konnte ich mir kein perfekteres Merkmal an einem Mann vorstellen. Ich liebte es, wie sich diese Lippe anfühlte, wenn sie zärtlich gegen meine drückte, wie sie schmeckte, wenn ich mit meiner Zunge darüber strich oder mit meinen Zähnen daran knabberte.

Sie war ein Teil von Ryan, und ich liebte sie.

Er rührte sich nicht, also stand ich auf und ging in die Küche, um Kaffee zu kochen. Die Klimaanlage lief auf Hochtouren und ohne Kleidung oder Ryans Arme, die mich warm hielten, bedauerte ich, dass ich mir kein T-Shirt und keine Shorts angezogen hatte. Die Kaffeemaschine brauchte mehrere Minuten, um das Wasser zu erhitzen, also tat ich das, was alle tun, wenn sie Wasser kochen – ich lehnte mich zurück und beobachtete es aufmerksam.

„Du weißt schon, dass es dadurch nicht schneller heiß wird.“

Ich wäre fast aus meinen Shorts gesprungen – nun, ich hätte es getan, wenn ich welche an gehabt hätte.

Ryan schlang seine Arme um mich und trotz seines Glucksen über meine Sprunghaftigkeit, lehnte ich mich an ihn.

„Guten Morgen.“ Er küsste meinen Hals.

Ich drehte mich zu ihm um und schlang meine Arme um seinen Rücken. „Dir auch einen guten Morgen.“

„Heute ist also Sonntag. Ein guter Tag, um sich Häuser anzuschauen.“

Ich zog mich zurück.

Er hob seine Handflächen. „Ich brauche eine Wohnung und du hast dich freiwillig gemeldet, um mir bei der Suche zu helfen, weißt du noch?“

„Stimmt, tut mir leid. Ich schätze, ich brauche diesen Kaffee mehr, als ich dachte.“ Ich ließ den Atem aus, den ich angehalten hatte.

Ich schenkte jedem von uns eine Tasse ein und fügte drei Schuss Haselnuss-Sahne und ein Splenda hinzu. Wir mochten unseren Kaffee auf die gleiche Weise. Versuch, nicht an der Süße zu ersticken.

Dreißig Minuten später hatten wir beide geduscht und uns angezogen – etwas, worüber ich enttäuscht war, als er in verblichenen Khaki-Shorts und einem grünen Journey T-Shirt zurück ins Wohnzimmer kam.

„Journey?" Ich deutete auf seine Brust.

„Ja, meine absolute Lieblingsband."

„Auf keinen Fall. Das ist meine absolute Lieblingsband."

Ja, ein weiterer zuckerhaltiger Moment. Gewöhn dich dran.

Wir suchten in der Zeitung nach Anzeigen für Stadthäuser, dann loggten wir uns bei AOL ein und riefen ein paar Maklerseiten auf. Als wir eine Liste mit zehn möglichen Stadthäusern hatten, stellten wir unsere Tassen in die Spüle und marschierten los.

An diesem Morgen herrschte eine angenehme Normalität. Wir taten nichts Weltbewegendes – wir wachten einfach auf, tranken Kaffee und fuhren durch die Stadt – aber es fühlte sich richtig an. Ich weiß noch, wie ich aus dem Fenster seines Autos starrte, als wir an den ersten Möglichkeiten vorbeifuhren. Er schloss sie schon von der Straße aus aus, aber allein die Tatsache, dass wir über ihre Vor- und Nachteile diskutierten, beeindruckte mich. Er wollte meine Meinung hören. Es interessierte ihn, was ich dachte, was ich an jedem Haus mochte und was nicht.

Wir machten das wirklich gemeinsam.

Und es war die natürlichste Sache der Welt.

Wenn mein zweiundzwanzigjähriges Ich mich in diesem Moment sehen hätte können, hätte es sich über die Idee lustig gemacht, dass zwei Männer Händchen hielten, während sie durch die Stadt fuhren, sich Häuser ansahen und über Landschaftsgestaltung sprachen. Er hätte sich über die sündige Natur ihrer Verbindung lustig gemacht. Er wäre angewidert gewesen.

Der Typ war wirklich ein ignorantes Arschloch. Seitdem hatte ich vielleicht eine Million Fehler gemacht, aber ich hatte

gelernt, mehr zu lieben als zu hassen, mehr zu respektieren
als zu verachten. Ich hatte in nur wenigen Jahren einen weit-
en Weg zurückgelegt. Ein Funken Stolz keimte bei diesem
Gedanken auf.

Jetzt gab es ein *Wir* wenn wir sprachen.

· · · · · ● · ● · · · ·

Als Ryan am nächsten Tag in meine Wohnung zurückkam,
war das Bett mit den frisch gewaschenen Laken ordentlich
gemacht. Er hatte den größten Teil des Nachmittags im
örtlichen Büro seiner Firma verbracht, wo er die Angebote
der Reisebüros durchgesehen hatte, die um ihr Geschäft wet-
teiferten. Ich war in der Küche und schnitt Karotten und
Zwiebeln, als der Schlüssel im Schloss rasselte.

Gott, war das ein schönes Geräusch.

„Ich bin zu Hause."

Zu *Hause*. Er hatte meine Wohnung als *Zuhause* bezeich-
net; er nannte mit mir zusammen sein Zuhause.

Jeder Funken Sentimentalität in mir kam hoch und ich
musste die Tränen zurückhalten. Das Letzte, das ich wollte,
war, dass dieser unglaubliche Mann dachte, ich wäre ein
ständiges Häufchen Elend.

„Es fühlt sich so gut an, diesen Ort mein Zuhause zu nennen und dich als erstes zu sehen, wenn ich mit meinem Tag
fertig bin." Er hatte mich überrumpelt.

Eine Träne löste sich. Ich versuchte, mich zu sammeln.
„Verdammte Zwiebeln."

„Komm her. Lass mich das machen." Er breitete seine
Arme weit aus. Ich rannte um den Tresen herum und ließ
mich in sie fallen, wobei ich meine Nase in den Raum zwischen seinem Hals und seinem Schlüsselbein drückte. Ich hatte diese Stelle gestern Abend bei einem unserer Saltos entdeckt und sofort gewusst, dass es mein Lieblingsplatz auf der

ganzen Welt sein würde. Ich sog einen langen Atemzug ein und sog so viel von seinem Duft ein, wie ich nur konnte. Er hielt mich fest und küsste mich auf den Kopf.

„Ich habe dich heute vermisst", flüsterte er.

Als ich mein Gesicht aus seinem Nacken befreite, flossen die Tränen in Strömen. Er griff nach oben und wischte sie ab.

„Was ist das alles?", fragte er.

Ich strahlte durch meine Tränen hindurch. „Das fühlt sich noch nicht echt an. Es ist alles, was ich will, aber es fühlt sich auch ein bisschen überwältigend an. Ich glaube, ich war noch nie so glücklich."

Seine Lippen bedeckten meine für einen langen Moment, dann wich er zurück.

„Ich habe noch ein anderes Stadthaus gefunden, das wir uns ansehen müssen."

Damit hatte ich nicht gerechnet – nicht, dass ich in diesem glücklichen Moment an ein bestimmtes Gespräch gedacht hätte.

„Oh, wo?"

„Roswell. Es ist ein Gebäude mit zwei Wohneinheiten. Soweit ich das in der Anzeige sehen kann, sind alle Häuser in der Umgebung Einfamilienhäuser. Das Beste daran ist, dass es in einer Sackgasse liegt, also ist die Straße ruhig und es gibt nur eine Handvoll Nachbarn. Es liegt zwei Straßen von der Hauptstraße entfernt, so dass wir in der Nähe von allem sein werden.

Da war es wieder, das *Wir*.

Wir suchten ein Zuhause für ihn. Wann war das etwas anderes geworden? Hatte ich zu viel in seine Worte hineingelesen, das gehört, was mein Herz zu hören hoffte? Das tat ich manchmal. Das ist eine Fische-Sache. Wir träumen und verwischen manchmal die Grenze zwischen der Realität und dem, was wir uns wünschen, dass es Realität wäre. Ich lebte gern in meinen Tagträumen, aber manchmal konnten sie mich auch daran hindern, klar zu denken.

„Ich möchte, dass du bei mir einziehst, wenn ich einen neuen Platz gefunden habe."

Ich stolperte einen Schritt zurück. „Du willst ... was? Wirklich?" Hatte er mich gerade ernsthaft gefragt, ob ich bei ihm einziehen wollte? „Was ist mit Diane und den Kindern? Was wird sie denken? Wir kennen uns doch erst seit ein paar Monaten. Ist das klug? Überstürzen wir die Dinge nicht? Dwayne würde mich umbringen. Connie ... sie betet dich an. Vergiss sie einfach. Ist das dein Ernst?"

Er gluckste angesichts der Flut von Fragen. „Ja, ich meine es ernst. Diane wird es wieder besser gehen – mit der Zeit. Ich werde die Kinder weiterhin bei ihr zu Hause besuchen. Das wäre ihr lieber, auch wenn ich alleine wohnen würde. Du musst bei allem geduldig sein. Es wird erst hart werden, bevor es besser wird, und ich werde wahrscheinlich an manchen Tagen schwer zu ertragen sein. Ist das okay für dich?"

Mein Lächeln wurde zu einer ernsten Miene. Nach einem Moment des Nachdenkens nickte ich. „Ich werde dich unterstützen, egal was passiert. Ich kann mir nicht vorstellen, was sie durchmacht, was die Kinder durchmachen – und du wirst für sie da sein müssen – aber du bist *meine* Nummer eins und ich werde da sein, wenn du mich brauchst."

Er runzelte die Stirn, dann verzog sich sein Mund, als er meine Wange streichelte. „Michael, hör mir zu. Ja, wir sind erst kurz zusammen und ja, das *ist* verrückt, aber ich weiß, was ich will. Ich will, dass du das Letzte bist, das ich sehe, bevor ich einschlafe, und das Erste, das ich sehe, wenn ich aufwache. Jeden Tag."

Ich weiß nicht mehr, ob ich etwas entgegnete. Das nächste, was ich weiß, ist, dass er einen Schritt nach vorne trat, meinen Kopf mit beiden Händen festhielt und meine Augen zwang in seine zu blicken. Es war das erste Mal, dass ich sah, wie seine Lippen beim Sprechen zitterten.

„Ich liebe dich, Michael, mehr als alles andere. Wir werden das alles gemeinsam durchstehen." Seine Daumen streichelten meine Wangen. „Willst du mit mir leben?"

Meine Stimme war ein klägliches Quieken, aber ich schaffte ein „Ja", bevor die süßeste Lippe der Welt sich leidenschaftlich auf meine presste.

Das war der Moment, in dem ich alle Kontrolle abgab und den letzten Rest meiner Schutzmauern aufgab. Das war der Moment, in dem ich mich Ryan völlig hingab.

Karotten und Zwiebeln waren vergessen und wir fanden uns nackt und füllten uns gegenseitig mit Liebe – und allem anderen.

Fuck, da waren die Laken wieder weg. Wir würden eine weitere Nacht nackt und ohne Bettzeug verbringen müssen.

Ich musste wirklich ein neues Set kaufen.

KAPITEL 28

ERDBEEREN UND CHAMPAGNER

Drei Wochen später legte Ryan ein Angebot für das Stadthaus in Roswell vor. Zwei Wochen später wurde das Geschäft besiegelt.

Unser neues Zuhause war genau so, wie er es beschrieben hatte: die Hälfte eines großen, zweistöckigen Hauses in einer abgelegenen Sackgasse mit zehn anderen Einfamilienhäusern. Die Gärten waren ordentlich gepflegt, aber nicht übermäßig prunkvoll. Riesige Eichen und Kiefern überragten alles und warfen tanzende Schatten auf die Straße. Die meisten Häuser waren mehrere Jahrzehnte alt und ihre Bauweise war wenig einheitlich, was der Nachbarschaft einen vielseitigen, gemütlichen Charakter verlieh. Die Veranda des Nachbarhauses auf der anderen Straßenseite war mit bunten Pflanzen und Keramikfiguren von Tieren und Gnomen übersät. Eine Regenbogenflagge flatterte an einer Stange über der Eingangstür. Die lesbischen Bewohnerinnen, ein Paar, das seit mehr als dreißig Jahren zusammen war, waren die ersten, die uns in der Straße begrüßten.

Ryan mietete einen Lkw und holte die wenigen Dinge, die er aus seiner Ehe mitnahm. Er war sich seiner Rolle was den Unterhalt seiner Familie betraf sehr bewusst. Seiner Meinung nach war er der Grund für das Ende ihrer Ehe, also sollte er sie unterstützen, egal was passierte. Diane bot an, das Haus zu verkaufen und den Erlös zu teilen. Er lehnte ab, bestand darauf, dass sie blieb, und bot ihr an, die Eigentumsurkunde auf ihren Namen zu überschreiben. Er meinte, die Kinder bräuchten Stabilität und das ihr Zuhause war. Es gehörte auch ihr. Mit Ausnahme eines Schlafzimmers, das sie als Gästezimmer genutzt hatten, eines Sessels und eines Couchtisches aus dem Spielzimmer, verzichtete er auch auf alle anderen Einrichtungsgegenstände.

Schließlich erklärte er sich freiwillig bereit, mehr Unterhalt für die Kinder zu zahlen als vorgeschrieben, und stimmte einer Unterhaltszahlung zu, die über dem gesetzlich vorgeschriebenen Betrag lag. Er war fest entschlossen, Diane und die Kinder nicht über den unvermeidlichen emotionalen Tribut hinaus leiden zu lassen.

Er stellte sie immer über sich selbst, und mein Respekt vor ihm wuchs mit jeder Entscheidung.

Trotz der zweimonatigen Kündigungsfrist für meine Wohnung zogen wir in der Woche nach der Vertragsunterzeichnung mit meinen Sachen in das Stadthaus und gewöhnten uns schnell an den Alltag. Ryan trat meinem Fitnessstudio bei, damit wir jeden Abend gemeinsam trainieren konnten. Abgesehen davon, dass wir mehr Zeit miteinander verbringen konnten, war er ein fantastischer Trainingspartner, der mir nie mehr als einen Moment Ruhe gönnte, egal wie sehr ich auch murrte. Ich kochte die meisten Abende. Schon das Zubereiten des Abendessens gab mir eine Befriedigung, die ich vorher nicht gekannt hatte. Es fühlte sich an, als würde ich mit jeder Mahlzeit etwas Besonderes für ihn tun – und dieser Mann konnte essen.

Sogar das Zubettgehen wurde zu einem Ritual, das ich liebenswert fand. Wenn wir mit dem Training fertig waren, zu Abend gegessen und die Küche aufgeräumt hatten, war es draußen schon dunkel und wir waren beide erschöpft. Bevor wir das Licht ausmachten, lasen wir noch etwas im Bett, Ryan ein Wirtschaftsbuch oder ein Selbsthilfebuch, ich einen Fantasyroman.

Ryan liebte es, berührt zu werden, fast so sehr, wie ich danach verlangte. Er hielt mich im Arm, wenn wir einschliefen. Aber selbst mitten in der Nacht, wenn sich einer von uns aus der Umarmung löste, berührten sich unsere Hände oder sein Fuß fand meinen und wir berührten einander, bis wir wieder aufwachten. Ich kann mich kaum an eine Nacht erinnern, in der ich aufwachte, ohne dass ein Teil von uns verbunden war. Ich hatte mich noch nie so geliebt gefühlt; ich hatte noch nie so innig geliebt.

· · · · ● · ● · · · ·

Unsere Nachbarschaft nahm ihre Feiertage ernst. Als der Weihnachtsmann noch einen Monat von seiner großen Fahrt entfernt war, leuchteten bereits bunte Lichter, schimmernde Engel, fantasievolle Rentiere und genug Lametta, um Tinsel Town in Silber zu begraben, auf den Rasenflächen um uns herum. Unser kleiner Rasen, der mehr braun als grün war, weil der Herbst dem Winter gewichen war, erinnerte uns daran, dass wir in Weihnachtsstimmung kommen mussten – und zwar schnell.

Wir verbrachten einen Samstag damit, einen Baum zu kaufen und hielten bei Caribou an, um ein Getränk mit Kürbisgeschmack zu trinken, von dem Ryan schwor, dass es mein Leben verändern würde. Ich gebe zu, es war lecker, aber es war nichts Lebensveränderndes in diesem Becher, egal was er sagte.

Wir entschieden uns für die geschmackvolle Variante, die auch Ryans Mutter gefallen würde. Unser Dach war mit weißen Lichterketten geschmückt, und über die Hecke span-

nten sich Netze mit passenden Lichtern. Ein einsamer Stech-
palmenbusch ragte etwa zwanzig Meter vor unserem Haus
aus dem Boden. Ryan konnte nicht widerstehen, ihn wie
einen Weihnachtsbaum zu formen und einen blinkenden
Stern auf seine Spitze zu setzen. Das war irgendwie *stilvoll* –
für seine prüde Mom wahrscheinlich zu viel des Guten –, aber
mir gefiel es.

Als die eigentliche Feiertagswoche anstand, feierten wir
getrennt. Ryan verbrachte die Feiertage mit seinen Kindern,
also fuhren sie in den Norden, um Zeit mit seinen Eltern zu
verbringen. Ich fuhr zurück nach Nashville, um den Weihnachtsmann mit dem Rudel zu empfangen. Beide Reisen
verliefen ereignislos – es sei denn, du zählst dazu, dass wir uns
vor unseren Familien versteckten, um mehrmals am Tag zu
telefonieren. Wir waren jung und verdammt romantisch. Ich
würde sogar behaupten, dass wir hoffnungslos romantisch
waren, aber eigentlich waren wir ziemlich hoffnungs*voll*.

Das Leben kehrte zu seiner entspannten Routine zurück,
sobald der Weihnachtsmann seinen Weg zurück zum Nord-
pol gefunden hatte. Die Basketballsaison war wieder in
vollem Gange, und ich war fünf oder sechs Abende pro
Woche als Schiedsrichter tätig. Das raubte uns zwar die
Zeit, machte aber die gemeinsamen Momente umso schöner.
Schon komisch, wie das so läuft, nicht wahr?

Kapitel 29Hat jemand Limetten bestellt?

Ich wurde am Geburtstag meiner Mutter geboren, am
zwölften März.

Das bedeutete zwei Dinge.

Erstens wurde nicht nur meine Geburt gefeiert, es war
„unser Tag", wie meine Mom es nannte. Bevor die ganze
Schwulensache passiert war – ja, so nannte sie *es* – waren wir
uns sehr nahe gestanden. Unser Tag war der Auslöser für
persönliche Feiern gewesen, bei denen wir beide dem Rest des
Rudels entflohen waren, um den Tag mit dem zu verbringen,

worauf wir gerade Lust gehabt hatten. Ich habe diese Nähe zu ihr seither oft vermisst.

Zweitens: Wenn jemand am Geburtstag seiner Mutter geboren wird, verdoppeln sich laut Astrologen alle Attribute, die seinem Sternzeichen zugeschrieben werden – sowie die auf- und absteigenden Monde und Sonnen und was sonst noch so zählt Einfluss haben. Doppelt ist meine Auslegung. In den Astrologiebüchern, die ich halb belustigt las, wurden Begriffe wie „exponentielle Zunahme" oder „Multiplikationsfaktor" verwendet. Ich habe nie ganz an all das geglaubt, aber ich kann dir eines sagen. Jede Beschreibung eines Fischs, die ich je gelesen habe, passt perfekt auf mich, und der ganze Psycho-Fisch-Zusatz, der auf *unseren Tag* zurückzuführen ist, ergibt auch einen seltsamen kosmischen Sinn. Wir haben beide eine unheimliche Intuition und einen empathischen Spürsinn, der Miss Dione neidisch machen würde. Noch wichtiger für unsere Unterhaltung ist, dass ich dadurch *alles* intensiv gefühlt habe, besonders die Gefühle, die mit der Stimmung zusammenhängen.

Seien wir ehrlich. Ich war eine Schmalzgrube.

Hör auf zu kichern. Das ist doch liebenswert. Oder?

Als mein Geburtstag anstand, erwartete der psychopathische Fisch in mir große Gesten mit Rosenblättern und Weihrauch, in Seide eingepackte Geschenke und Champagner, der aus goldumrandeten Flöten sprudelte. Als Ryan zur Arbeit ging, ohne mir auch nur einen Geburtstagskuss zu geben, war ich enttäuscht. Als es Mittag wurde und er nicht nach Hause kam, um mich mit nackter Schönheit zu überraschen – oder zumindest mit einem Käsekuchen – war ich entmutigt.

Bis zwei Uhr hatte ich noch keinen einzigen Geburtstagsanruf oder eine Geburtstags-E-Mail erhalten.

Nicht von Connie.

Nicht einmal von Dwayne.

Ich rief Dwayne an. Er hatte es bisher *noch nie* vergessen.

Sein Telefon klingelte, bis der Anrufbeantworter antwortete.

Ja, Kinder, es war ein richtiger Anrufbeantworter, nicht dieses eingebaute Sprachding, das wir heutzutage haben.

Jedenfalls hinterließ ich eine kurze Nachricht, ohne zu erwähnen, dass ich Geburtstag hatte. Alle Fische werden das verstehen: Es war *ihre* Aufgabe, sich zu erinnern, und nicht meine Aufgabe, sie daran zu erinnern, sonst hätte es ja nichts bedeutet.

Bekomme ich ein fischiges Amen? Irgendjemand?

Ich brauchte eine Aufmunterung – ganz dringend. Also rief ich die eine Person an, die mich immer zum Lächeln brachte: Connie.

„Hey, Zuckerschnute.“

„Hey, Con.“

„Oh, Schatz. Warum klingst du so traurig? Was hat Ryan jetzt wieder angestellt?“

Ich gluckste. Ich liebte diese Mamabärin.

„ Er ist wunderbar, er hat nichts getan. Ich schätze, ich bin nur ein bisschen traurig.“

„Hast du heute nicht Geburtstag? Du darfst an deinem Geburtstag nicht traurig sein. So lautet das Gesetz.“

Ich grinste schon. Sie erinnerte sich. „Ja, ich weiß. Ich schätze, manche Leute sind einfach Rebellen.“

„Na dann, alles Gute zum Geburtstag.“ Im Hintergrund herrschte Aufruhr, wahrscheinlich Think!ers, die irgendetwas durcheinander brachten. „Hey, ich muss los. Ted ist schon wieder am Werk. Vermisst du diesen Ort nicht?“

Ich lachte. „Nicht mal ein bisschen. Aber ich vermisse dich sehr.“

„Oh, ich vermisse dich auch. Lass uns den Samstag zusammen verbringen. Wir könnten eine Tour durch die Barrieren der Stadt machen oder so.“

Ich gluckste über unseren alten Witz, konnte aber meine Enttäuschung darüber nicht verbergen, dass sie an *meinem* Tag keine Zeit für mich hatte.

„Klingt toll. Ich freue mich schon darauf."

Ich legte auf. Die Farbe schwarz war nicht meine normale Farbe, aber an diesem Tag trug ich sie mit Stolz.

Dann, für einen kurzen Moment, gab es einen Hoffnungsschimmer. Ryan rief gegen vier Uhr von der Arbeit an und sagte mir, ich solle mich für das Abendessen umziehen. Er hatte einen Tisch in einem schicken Lokal reserviert, von dem ich noch nie gehört hatte. Es hörte sich teuer an. Mein Herz vollführte einen kleinen Freudentanz.

„Das wird wunderschön, nur wir beide, Babe. Ich will, dass du dich besonders fühlst."

Als ich auflegte, war mein Herz voll, warm und flauschig – eine schwere Mischung, um sie gleichzeitig in der Brust zu behalten.

Zweieinhalb Stunden später fuhren wir auf den Parkplatz des Hilton. Nikolai's Roof war das legendäre Restaurant im dreißigsten Stock des Hotels und bot einen atemberaubenden Blick auf die Stadt und eine köstliche Speisekarte mit hausgemachtem Wodka, Kaviar und einer Dessertkarte, bei der selbst Zaren das Wasser im Mund zusammengelaufen wäre. Ich hatte schon tausendmal von dem Lokal gehört, aber nie auch nur davon zu träumen gewagt, einmal dort zu essen.

Ryan trug eine schwarze Hose mit einem einem sexy, weißen Hemd. Ich entschied mich für meine beste Jeans, ein waldgrünes langärmeliges Shirt und eine schwarze Lederjacke. Als sich die Fahrstuhltüren öffneten und wir einen ersten Blick im das Restaurant warfen, beugte sich Ryan vor und raunte: „Ich glaube, wir sind ein bisschen underdressed."

Ich fand, wir sahen wie eine Million Dollar aus. Scheiß auf all die spießigen Leute mit ihren Krawatten und Kleidern.

Er knabberte an meinem Ohr, und alle Gedanken an Kleidung verschwanden.

„Kann ich Ihnen helfen, Sir?", fragte der Oberkellner mit einem starken slawischen Akzent, der bei jedem Wort durchdrang.

Ryan trat einen Schritt vor. „Ja, danke. Reservierung für Lowell. Ich glaube, Lina hat den Raum vorbereitet."

Der Oberkellner blätterte in seinem Buch und sah dann bedeutungsvoll zu Ryan auf. „Natürlich, Mr. Lowell. Folgen Sie mir, bitte."

Wir folgten dem Mann, der wie ein Pinguin gekleidet war und watschelte.

Ich stieß Ryan mit dem Ellbogen an und beugte mich vor, um ihm zuzuflüstern: „Hast du ihm einen Zwanziger zugesteckt? Was war das für ein Blick, den er dir zugeworfen hat?"

Ryan zuckte mit den Schultern.

Mein Fisch-Spionage-Sinn regte sich. *Scheiße.* Er führte etwas im Schilde.

Wir gingen den ganzen Weg entlang der kreisförmigen Etage, vorbei an Dutzenden von Tischen. Das Essen war so elegant hergerichtet wie die Gäste. Jeder Kellner, an dem wir vorbeikamen, lächelte zur Begrüßung und verbeugte sich in der Taille. Ihre Gesten des Respekts und ihre kastanienbraunen Gilets mit Frack gaben dem Ganzen das Gefühl, am Hof von Zar Nikolaus zu sein – bevor diese lästige Revolution ihm alles genommen hatte.

Als wir die letzte Kurve in unserem Kreis machten, drehte sich der Oberkellner scharf nach links und watschelte in die Mitte der Säule. Eine stilisierte, vergoldete Tür mit tief eingeschnitzten, russischen Buchstaben versperrte uns den Weg. Unser Fremdenführer klopfte mit einem weiß behandschuhten Knöchel gegen die Tür und drehte dann den Knauf, um uns Einlass zu gewähren.

Das erste, das ich sah, war eine Wand voller Blumen. An der gegenüberliegenden Wand hingen Hunderte von Glasfläschchen, aus denen jeweils eine frische Blume ragte. Der

Effekt von Hunderten von Blumen jeder Sorte und Farbe an einer schwarzen Wand, die von strategisch platzierten Scheinwerfern beleuchtet wurde, war atemberaubend. Ebenso schöne Blumen quollen aus den verzierten Vasen hervor, die in bestimmten Abständen auf dem Tisch standen. Sogar das Buffet an der nahen Wand war mit Gold verziert und mit Blumen bestückt.

Dies war ein privater Speisesaal, der für höchstens zwölf Personen ausgelegt war, aber der Raum *fühlte* sich riesig an.

Ryans Hand auf meinem Rücken führte mich weiter zum Tisch. Ich war so abgelenkt von der Atmosphäre, dass ich gar nicht auf den Tisch schaute – und vor allem nicht darauf, wie viele Plätze gedeckt waren. In einem Weltklasse-Restaurant mit einem Auge fürs Detail wie diesem wurde nichts ohne Absicht getan. Warum war der Tisch für vier Personen gedeckt? Und warum waren zwei der Stühle bereits besetzt?

Mein Blick hob sich von der Tischdecke und blieb an einem Kristallbecher hängen, der bis zum Rand mit Limetten gefüllt war.

Irgendetwas kam mir daran sehr bekannt vor.

Ich schaute auf. Mein Kopf neigte sich zur Seite und ich versuchte zu verarbeiten, was meine Augen sahen. Ich war perplex.

„Dwayne?"

Mein schwuler Vater, der beste Freund und Sherpa, der jemals das Regenbogengewand getragen hatte, lächelte mich an.

Ich verstand es immer noch nicht.

„Connie?"

Sie saß neben Dwayne.

Sie kicherte und winkte.

Ich drehte mich zu Ryan um. Er strahlte mich an.

„Wir sind zu deinem Geburtstag hier, Dummkopf. Ryan hat mich eingeflogen", erklärte Dwayne.

Mir stockte der Atem, als eine Hand über meinen klaffenden Mund flog. Ich wusste, was los war, aber ich konnte es nicht glauben. In all den dreißig Jahren, in denen ich nun auf der Welt war, hatte noch *nie* jemand eine Geburtstagsparty für mich geschmissen. Das Rudel hatte nie viel Geld, also gab es wenig Freude. In der Highschool war ich ein Band-Nerd gewesen, also war es auch nicht vorgesehen gewesen, dass beliebte Kinder vorbeigekommen waren, um mir zu gratulieren.

Ryan hatte meine erste Geburtstagsparty organisiert.

Er hatte sie geheim gehalten, sich mit den Leuten, die ich am meisten liebte, abgesprochen und hatte sogar mit einem von ihnen Hunderte von Kilometern nur für das Abendessen eingeflogen. Ich wusste, wie fantastisch das war, aber mein Gehirn kämpfte damit, die Realität zu akzeptieren.

„Was denkst du?", fragte Ryan und sein heiseres Flüstern kitzelte mich am Ohr.

„Ich ... Ryan ... das sind Dwayne ... und Connie. Warum ...?"

Er lachte, eines dieser tief aus dem Bauch kommenden Grummeln, die den ganzen Raum fröhlich und heiter machten. Connie und Dwayne schlossen sich ihm an und fügten seinem Bariton einen Tenor und Sopran hinzu.

Es war die schönste Melodie, die ich je gehört hatte.

Ich schaute von Connie zu Dwayne und dann zu Ryan, die alle breit lächelten. Einer der Kellner zog meinen Stuhl zurück und bedeutete mir, den Vorsitz am Tisch zu übernehmen, während Ryan herumging und sich auf den Platz gegenüber setzte.

Wir aßen das feinste Filet, probierten exquisite Wodkas, kosteten die tiefsten, aromatischsten Weine – und lachten, als gäbe es kein Morgen. Connies freche, manchmal bissige Sprüche, gemischt mit Dwaynes trockenem Humor, brachten Ryan und mich dazu, uns am Tisch fast in die Hose zu machen. Irgendwann bemerkte ich, dass zwei der ständig anwesenden Kellner ihr eigenes Glucksen unterdrückten. Der

Abend war ebenso vergnüglich wie köstlich – und Ryan hatte das alles für mich getan.

Das haute mich einfach um.

Für mich.

Bei der Hälfte des Desserts – der *vierte* Gang des Abends – hatte ich einen dieser *Matrix*-Momente. Der Raum erstarrte. Keiner bewegte sich mehr. Sogar die Geräusche der Gäste draußen verstummten. Ich war der Einzige, der sich noch bewegen, sehen und fühlen konnte. Connie war mitten im Kichern erstarrt, Dwayne hatte sein Getränk schon halb im Mund, und Ryan starrte mich an. Sein Blick war intensiv, seine Augen waren nach oben gerichtet. Sein Mund war verzogen, aber nicht stirnrunzelnd, sondern in einer Haltung tiefer Nachdenklichkeit. Sein Blick war so intensiv, und es lag so viel Wärme darin – und *Liebe*. Ich hätte ein Leben lang in diese Augen starren können.

Leider fand der Oberkellner die Pausentaste, und alle setzten sich wieder in Bewegung. Connie hustete und hielt sich eine Leinenserviette vor den Mund, als ihr Kichern verstummte. Dwayne trank den letzten Schluck seiner Cola aus. Die Kellner räumten unsere Dessertteller ab. Und Ryan ...

Ryans Blick blieb haften.

Sein Blick war auf mich gerichtet.

Genau dort, am anderen Ende des Tisches in einem der nobelsten Restaurants der Gegend, sah ich die Tiefe seiner Liebe. Ich sah es in seinen Augen, in der Haltung seines Unterkiefers. Ich sah es an der aufmerksamen Zuwendung für jedes Detail, das der Abend bot.

Ich hatte immer gesagt, dass ich wissen würde, wann der richtige Mann auftauchte, weil jeder im Raum verschwinden würde, wenn sich unsere Augen trafen. Ich würde alle anderen vergessen. Er würde meine Aufmerksamkeit, mein Verlangen und mein Bedürfnis in Anspruch nehmen.

In diesem Moment, als wir uns in stahlgrauen Lachen verloren, traten alle um uns herum in den Hintergrund.

Die wuselnden Kellner verschwanden. Connie und Dwayne wurden zu Unschärfen in der Peripherie. Aber Ryan – mein wunderschöner, starker, erstaunlicher Ryan – rückte in den Fokus. Seine volle Lippe verzog sich zu einem schiefen Lächeln, und mein Herz schlug schneller.

Ein Leben blitzte vor meinen Augen auf. Kein gelebtes und vergangenes Leben, sondern eines, das noch vor mir lag. Ich sah Mittagessen und Dinnerpartys, Urlaube und ruhige Abende, Abenteuer und Herausforderungen. In jedem Kapitel, in jeder Szene, die sich vor meinem inneren Auge abspielte, saß der Mann vor mir. Ich ließ meinen inneren Fisch die Kontrolle übernehmen und träumte hemmungslos vor mich hin.

Und Ryans Blick blieb.

EPILOG

M ein liebster Leser,

Danke, dass du mich auf unserem jüngsten Abenteuer begleitet hast. Dieser Abschnitt meines Lebens war eine Mischung aus Herausforderungen und Lektionen, für die ich sehr dankbar bin.

Ich weiß dein Vertrauen und deine Unterstützung auf unserem gemeinsamen Weg sehr zu schätzen. Themen wie HIV oder die Auseinandersetzung von Männern und Frauen mit ihrer Identität im späteren Leben sind heikel und herausfordernd – und oft chaotisch. Und doch sind sie für so viele von uns *Realität*. Wir alle kämpfen mit inneren Zweifeln und Reue, Erfolgen und Misserfolgen, Triumphen und Tragödien. Ich habe mein Bestes gegeben, um frechen Humor einfließen zu lassen und gleichzeitig den wunderbaren Leuten und Erfahrungen, die ich machen durfte, gerecht zu werden.

Ich weiß auch, dass MM-Romane in der Regel mit dem allseits beliebten Happily Ever After enden. Nennen wir das Ende dieses Buches Happily for Now. Ryan war wirklich unglaublich. Das ist er immer noch. Wir sind nach wie vor Freunde und chatten gelegentlich online. Ich habe ihn von ganzem Herzen geliebt, auf eine Art und Weise, die uns nur ein- oder zweimal im Leben widerfährt, wenn wir sehr, sehr viel Glück haben.

Wenn man sein Herz einmal verschenkt hat, kann man es nie wieder ganz zurückgewinnen.

Ich werde ihn daher immer auf eine Weise lieben.

Als Autor wäre es einfach gewesen, diese Serie mit einem Disney-liken Ende nach dem anderen zu schreiben, aber ich wollte die Wahrheit schreiben und ehrlich sein, auch wenn das von der literarischen Norm abweicht.

Danke für dein Verständnis und viel Spaß bei diesem Ritt.

Und ja, ich habe *Ritt* geschrieben. Hör auf, du freches Würstchen.

Casey

• • • • ● • ● • • •

Besorg dir gleiche eine Ausgabe von um Michael (mich) weiter auf der Reise zu begleiten in ***Mein letztes Date***.

Bevor du gehst . . .

Wenn dir Mein Wildestes Date, gefallen hat, nimm dir bitte einen Moment Zeit, um **Hinterlassen Sie eine Bewertung mit Sternen**. Dein Feedback hilft Indie-Autorinnen und -Autoren zu wachsen und zu gedeihen, damit du in den nächsten Jahren noch mehr Hottness und Romantik genießen kannst.

AUCH VON CASEY MORALES

About the Author

Geschichtenerzähler und der Autor mehrerer Bestseller-Romane. Casey wurde im Süden der Vereinigten Staaten geboren und ist ein begeisterter Tennisspieler, aufstrebender Koch, Hundeliebhaber und gefräßiger Gummibärchenverschlinger.